# CHAPTER 1
*Present tense*

**A.** *Une soirée en famille.*

1. Maman prépare un bon dîner.
2. Papa finit son livre.
3. Ma sœur Lise attend un coup de téléphone.
4. Moi, j'écoute une nouvelle cassette.
5. Maman invite nos cousins à prendre le dessert avec nous.
6. Ils acceptent.
7. Mon cousin Philippe joue de la guitare.
8. Nous chantons ensemble.
9. Nous applaudissons.
10. Après, nous bavardons jusqu'à une heure du matin.

**B.** *Des invités.*

1. attendons
2. dînent
3. arrivent
4. salue
5. apporte
6. remercie
7. passe
8. remplit

**C.** *À l'école.*

1. entre
2. choisissons
3. regardent
4. cherche
5. écoute
6. réussis
7. répond
8. finit
9. fermons
10. descendent

**D.** *On fait le ménage.*

1. rangeons
2. balaie (balaye)
3. nettoie
4. commençons
5. essuient
6. essaie (essaye)

**E.** *Est-ce que c'est comme ça dans votre classe de français?*

1. Oui, nous commençons (Non, nous ne commençons pas) à lire des livres en français.
2. Oui, nous corrigeons (Non, nous ne corrigeons pas) nos copies en classe.
3. Oui, nous effaçons (Non, nous n'effaçons pas) les mots mal écrits.
4. Oui, nous employons (Non, nous n'employons pas) le français dans nos conversations.
5. Oui, nous dérangeons (Non, nous ne dérangeons pas) les autres étudiants.
6. Oui, nous tutoyons (Non, nous ne tutoyons pas) le professeur.
7. Oui, nous prononçons (Non, nous ne prononçons pas) correctement.
8. Oui, nous rédigeons des (Non, nous ne rédigeons pas de) lettres en français.

**F.** *Entre amis.*

1. Est-ce que tu préfè
2. Qu'est-ce que tu e
3. Combien est-ce qu
4. Comment est-ce que tu épelles ton n...
5. Est-ce que tu rejettes les idées extrémistes?
6. Où est-ce que tu achètes les livres pour les cours?

**G.** *Portrait de Jean-Claude.*

1. Jean-Claude espère devenir interprète.
2. Il préfère les langues.
3. Il projette un voyage aux États-Unis.
4. Il feuillette des brochures de l'agence de voyages.
5. Il renouvelle son passeport.
6. Il complète un cours intensif d'anglais.
7. Ses idées reflètent l'influence de sa mère.
8. Elle lui répète toujours l'importance d'une orientation internationale.

**H.** *Problèmes de bureau.*

1. change; *Tomorrow I'm changing jobs.*
2. travaille; *I've been working in the same office for two years.*
3. gagne; *I've been earning the same salary for eighteen months.*
4. demande; *I've been asking for a raise for ten months.*
5. répète; *And for ten months my boss has been repeating the same answer: No.*
6. cherchent; *All of my co-workers are looking for new jobs.*
7. désirent; *They've been wanting to quit their jobs here for a long time.*
8. annoncent; *Next week they'll announce their decision to the boss.*

**I.** *Un professeur dynamique.*

1. Voilà (Il y a) dix ans que Madame Ferron enseigne dans notre lycée. *or* Madame Ferron enseigne dans notre lycée depuis dix ans.
2. Il y a (Voilà) huit ans qu'elle encourage les étudiants à étudier à l'étranger. *or* Elle encourage les étudiants à étudier à l'étranger depuis huit ans.
3. Voilà (Il y a) sept ans qu'elle organise des voyages pour les étudiants. *or* Elle organise des voyages pour les étudiants depuis sept ans.
4. Il y a (Voilà) quatre ans que trois étudiants passent un semestre au Québec chaque année. *or* Trois étudiants passent un semestre au Québec chaque année depuis trois ans.
5. Voilà (Il y a) trois ans que mon ami Charles étudie l'allemand. *or* Mon ami Charles étudie l'allemand depuis trois ans.

6. Il y a (Voilà) deux mois qu'il projette un voyage d'études en Allemagne. *or* Il projette un voyage d'études en Allemagne depuis deux mois.
7. Voilà (Il y a) six semaines que Charles feuillette des brochures. *or* Charles feuillette des brochures depuis six semaines.
8. Il y a (Voilà) un mois que Madame Ferron cherche le programme idéal pour Charles. *or* Madame Ferron cherche le programme idéal pour Charles depuis un mois.

***J.*** *Comment est-ce que ça se dit?*

1. Il enlève ses chaussures et il met ses pantoufles.
2. Au bureau, nous rédigeons et corrigeons des articles.
3. Je nettoie la cuisine. J'essuie la table et je balaie le plancher.
4. Il feuillette la revue, mais il achète le journal.
5. Est-ce que tu complètes le travail aujourd'hui? Ou est-ce que tu préfères finir demain?

***L.*** *La grammaire en action.*

1. Nous voyageons à moitié prix.
2. J'habite Orléans.
3. Sa mère l'accompagne.
4. Vous voyagez en première classe.
5. Nous emmenons Frédéric à Paris.

# CHAPTER 2
*Present tense of irregular verbs*

***A.*** *Devoir n'est pas toujours vouloir.*

1. Je dois passer la journée à la bibliothèque, mais je ne veux pas.
2. Elle doit rester à la maison, mais elle ne veut pas.
3. Ils doivent aller chez le médecin, mais ils ne veulent pas.
4. Nous devons rentrer tôt, mais nous ne voulons pas.
5. Tu dois préparer le dîner, mais tu ne veux pas. (Vous devez préparer le dîner, mais vous ne voulez pas.)
6. Vous devez prendre un taxi, mais vous ne voulez pas.

***B.*** *Qui fait quoi chez Hélène?*

1. Moi, je fais la vaisselle.
2. Mon grand-père fait du bricolage.
3. Mes frères font le jardin.
4. Ma sœur et moi, nous faisons les courses.
5. Ma grand-mère fait la lessive.
6. Mon père fait les carreaux.
7. Moi, je fais les lits.
8. Ma mère, ma grand-mère et moi, nous faisons la cuisine.

***C.*** *Synonymes.*

1. Il a sommeil.
2. J'ai faim.
3. Nous avons soif.
4. Elles ont chaud.
5. Tu as froid.
6. Il a peur.
7. Vous avez raison.
8. On a honte.
9. Tu as tort.
10. Elle a de la chance.

***D.*** *Après l'accident.*

1. Pierre et Michèle ont mal aux jambes.
2. Frédéric a mal au(x) bras.
3. Rachelle a mal au dos.
4. Toi, tu as mal à l'épaule droite.
5. Moi, j'ai mal aux genoux.
6. Alfred et moi, nous avons mal aux pieds.

***E.*** *Un voyage dans le Midi.*

1. sont
2. ont
3. fait
4. fait
5. ont
6. prennent
7. fait
8. font
9. fait
10. prennent

***F.*** *Et vous?*

1. Toi aussi, tu prends un café?
2. Toi aussi, tu as faim?
3. Toi aussi, tu fais les courses maintenant?
4. Toi aussi, tu as vingt ans?
5. Toi aussi, tu es en vacances?
6. Toi aussi, tu as mal à la tête?
7. Toi aussi, tu comprends l'italien?
8. Toi aussi, tu es sur le point de sortir?

***G.*** *Où ça?*

1. Le journal est sous le banc.
2. Moi, je suis à côté du banc.
3. Mes amis sont assis sur le banc.
4. Les arbres sont derrière le banc.
5. Toi et moi, nous sommes près du lac.
6. Nous sommes en face du café.
7. Le lac est entre la forêt et le pré.
8. Vous êtes devant le café.

***H.*** *C'est une belle journée qui commence!*

1. fait
2. fait
3. suis
4. ai
5. fais
6. prends
7. fais
8. faisons
9. faisons
10. prenons

### I. Rien!

1. Non, je ne crains rien.
2. Non, je ne reçois rien.
3. Non, je ne dois rien.
4. Non, je ne construis rien.
5. Non, je ne reconnais rien.
6. Non, je ne peins rien.
7. Non, je ne traduis rien.
8. Non, je ne découvre rien.

### J. Un peintre qui réussit.

1. Nicole peint tous les jours.
2. La nature apparaît dans ses tableaux.
3. Nous apercevons son talent.
4. Nous découvrons de nouveaux thèmes.
5. Maintenant, Nicole introduit la vie de la ville dans son art.
6. Ses nouveaux tableaux ne déçoivent pas.
7. Le public accueille son art avec enthousiasme.

### K. Nous aussi.

1. Nous aussi, nous ouvrons toutes les fenêtres (en été).
2. Nous aussi, nous accueillons souvent des étudiants étrangers (à la maison).
3. Nous aussi, nous recevons beaucoup de lettres des étudiants étrangers.
4. Nous aussi, nous conduisons avec prudence.
5. Nous aussi, nous connaissons beaucoup de monde dans le quartier.
6. Nous aussi, nous partons en vacances au mois de juillet.
7. Nous aussi, nous cueillons des fleurs dans notre jardin.
8. Nous aussi, nous peignons en été.

### L. Des vacances dans le désert.

1. Josette part en vacances.
2. Elle rejoint des amis.
3. Elle conduit une vieille voiture.
4. Elle dort dans des hôtels très modestes.
5. Elle arrive dans le désert.
6. Elle sent la chaleur.
7. Elle souffre d'allergies.
8. Elle repart à la maison.

### M. Maintenant il s'agit de vacances à la plage.

1. Josette veut aller au bord de la mer.
2. Elle croit que ça va être amusant.
3. Elle écrit aux copains pour les inviter.
4. Elle sait arriver à la plage.
5. Elle boit de l'eau parce qu'il fait chaud.
6. Elle meurt de soif.
7. Elle court sur la plage pour faire de l'exercice.
8. Elle voit le coucher du soleil sur la mer.
9. Elle dit que c'est très joli.
10. Le soir, elle lit des romans.
11. Elle suit l'actualité en écoutant la radio.
12. Elle vit des jours heureux au bord de la mer.

### N. Moi aussi.

1. —J'apprends à danser.
   —Moi aussi, je veux danser.
2. —J'apprends à jouer aux échecs.
   —Moi aussi, je veux jouer aux échecs.
3. —J'apprends à chanter.
   —Moi aussi, je veux chanter.
4. —J'apprends à conduire.
   —Moi aussi, je veux conduire.
5. —J'apprends à faire la cuisine.
   —Moi aussi, je veux faire la cuisine.
6. —J'apprends à programmer l'ordinateur.
   —Moi aussi, je veux programmer l'ordinateur.

### O. C'est déjà fait.

1. —Est-ce que tu vas faire le linge?
   —Mais je viens de faire le linge.
2. —Est-ce que les étudiants vont déjeuner?
   —Mais ils viennent de déjeuner.
3. —Est-ce que vous allez faire les courses?
   —Mais nous venons de faire les courses.
4. —Est-ce que Christine va téléphoner à ses parents?
   —Mais elle vient de téléphoner à ses parents.
5. —Est-ce que nous allons visiter les monuments?
   —Mais vous venez de visiter les monuments.
6. —Est-ce que je vais voir un film?
   —Mais vous venez (tu viens) de voir un film.

### P. Même pas pour la santé.

1. Ils savent qu'ils doivent marcher tous les jours, mais ils disent qu'ils ne peuvent pas et qu'ils ne veulent pas.
2. Nous savons que nous devons faire de l'exercice, mais nous disons que nous ne pouvons pas et que nous ne voulons pas.
3. Tu sais que tu dois nager une heure tous les jours mais tu dis que tu ne peux pas et que tu ne veux pas.
4. Je sais que je dois faire du sport, mais je dis que je ne peux pas et que je ne veux pas.
5. Elle sait qu'elle doit suivre un régime pour maigrir, mais elle dit qu'elle ne peut pas et qu'elle ne veut pas.
6. Vous savez que vous devez faire du vélo, mais vous dites que vous ne pouvez pas et que vous ne voulez pas.

*Q. Comment est-ce que ça se dit?*

1. Quand est-ce que vous partez?
2. Nous partons demain.
3. Et quand est-ce que vous revenez?
4. Moi, je reviens vendredi. Ma femme et les enfants reviennent la semaine prochaine.
5. Qu'est-ce que tu fais aujourd'hui?
6. Ma femme et moi, nous peignons la maison.
7. Vous savez peindre la maison?
8. Mon frère va nous aider. Lui, il sait peindre.
9. Moi, je viens regarder.
10. Si tu viens, tu vas peindre.

## CHAPTER 3
*Negative sentences*

*A. Comme c'est triste.*

1. Non, elle ne téléphone jamais.
2. Non, je ne mange avec personne.
3. Non, je ne regarde jamais la télé.
4. Non, je ne travaille plus.
5. Non, personne n'organise d'activités pour les nouveaux étudiants.
6. Non, je n'aime rien ici.

*B. Ça va mieux.*

1. Non, je ne suis plus seul.
2. Non, je ne suis jamais triste.
3. Non, je ne désire plus rentrer chez moi.
4. Non, personne ne dérange les étudiants quand ils travaillent.
5. Non, je ne trouve rien à critiquer.
6. Non, rien ne m'effraie maintenant.

*C. Jamais!*

1. Nous n'arrivons jamais en retard.
2. Nous n'interrompons jamais le professeur.
3. Nous n'oublions jamais nos devoirs.
4. Nous ne perdons jamais nos livres.
5. Nous n'applaudissons jamais après la classe.
6. Nous ne jetons jamais nos stylos en l'air.
7. Nous ne confondons jamais les rois de France dans la classe d'histoire.
8. Nous ne jouons jamais aux cartes en classe.

*D. Tout change.*

1. Les Dulac n'habitent plus l'immeuble en face.
2. M. Beauchamp ne vend plus sa poterie aux voisins.
3. Nous n'achetons plus le journal au kiosque du coin.
4. Ma mère ne descend plus faire les courses tous les jours.
5. Moi, je ne joue plus du piano.
6. Mme Duverger n'enseigne plus au lycée du quartier.
7. Nos amis ne passent plus beaucoup de temps dans le quartier.

*E. Quelle école!*

1. Personne n'avertit les étudiants.
2. Personne ne parle avec les étudiants.
3. Personne n'écoute les étudiants.
4. Personne ne salue les étudiants.
5. Personne n'encourage les étudiants.
6. Personne ne donne de conseils aux étudiants.

*F. Et vous?*
Answers will vary.

*G. Un étudiant en difficulté.*

1. Il n'aime ni la physique ni la littérature.
2. Il ne finit ni ses devoirs ni ses compositions.
3. Il n'étudie ni à la bibliothèque ni à la maison.
4. Il ne réfléchit ni à son travail ni à son avenir.
5. Il ne demande de conseils ni à ses amis ni à ses professeurs.
6. Il n'écoute ni les conférences ni les discussions.

*H. Un professeur paresseux.*

1. Il n'explique aucun texte.
2. Il ne corrige aucune composition.
3. Il ne recommande aucun livre.
4. Il ne propose aucun thème de discussion.
5. Il ne présente aucune idée.
6. Il n'analyse aucun problème.

*I. Il n'y en a pas d'autre.*

1. Je ne respecte que Philippe ici.
2. Je ne nettoie que ma chambre.
3. Je n'invite qu'Alice.
4. Elle n'apprécie que la littérature française.
5. Ils ne réfléchissent qu'à l'avenir.
6. Je ne téléphone qu'à Odile.
7. Je ne joue qu'au football.
8. Elle ne prépare que le dîner à la maison.

*J. Comment est-ce que ça se dit?*

1. Nous ne faisons pas de projets parce que nous ne faisons pas de voyage.
2. Personne ne veut partir en vacances.
3. Donc, nous n'allons nulle part.
4. Nous n'allons ni à la plage ni à la montagne. Ni à Paris non plus.
5. Et nous ne voulons plus aller à l'étranger.

*L. La grammaire en action.*

1. Albert n'utilise pas les transports en commun.
2. Albert n'utilise pas d'essence sans plomb.
3. Albert ne conduit pas tranquillement.
4. Albert n'évite pas de faire du bruit.
5. Albert ne jette pas le verre dans les conteneurs spéciaux.
6. Albert ne rapporte pas les piles usagées à son vendeur.

## CHAPTER 4
*Interrogative sentences*

*A. Pour faire connaissance.*

1. a. Invitez-vous souvent vos amis à dîner?
   b. Est-ce que vous invitez souvent vos amis à dîner?
2. a. Appréciez-vous la musique classique?
   b. Est-ce que vous appréciez la musique classique?
3. a. Habitez-vous un beau quartier?
   b. Est-ce que vous habitez un beau quartier?
4. a. Cherchez-vous une maison à la campagne?
   b. Est-ce que vous cherchez une maison à la campagne?
5. a. Travaillez-vous près de votre appartement?
   b. Est-ce que vous travaillez près de votre appartement?
6. a. Dînez-vous généralement au restaurant?
   b. Est-ce que vous dînez généralement au restaurant?

*B. L'amoureux.*

1. Aime-t-elle les maths comme moi?
2. Étudie-t-elle les mêmes matières que moi?
3. Habite-t-elle près du lycée?
4. Pense-t-elle à moi de temps en temps?
5. Travaille-t-elle à la bibliothèque?
6. Déjeune-t-elle à la cantine du lycée?

*C. L'ami de l'amoureux.*

1. Est-ce que Chantal habite près de chez toi?
2. Est-ce que tu arrives au lycée à la même heure que Chantal?
3. Est-ce que tu salues Chantal?
4. Est-ce que Chantal aime les mêmes activités que toi?
5. Est-ce que tu déjeunes avec elle?
6. Est-ce que Chantal bavarde avec toi de temps en temps?

*D. La section française.*

1. Mme Savignac prononce-t-elle parfaitement l'anglais?
2. M. Paul enseigne-t-il l'espagnol aussi?
3. Mlle Moreau répond-elle toujours aux questions des étudiants?
4. M. Michelet arrive-t-il au lycée à 7 heures du matin?
5. M. et Mme Lamoureux enseignent-ils dans le même lycée?
6. Mme Leboucher choisit-elle des textes intéressants pour sa classe?
7. Les professeurs organisent-ils des activités pour les étudiants?
8. Les étudiants aiment-ils les cours de français?

*E. Des explications.*

1. Ne dérangent-ils pas tout le monde?
2. Ne désobéissent-ils pas au professeur?
3. Ne perdent-ils pas souvent leurs cahiers?
4. Ne bavardent-ils pas trop en classe?
5. Ne confondent-ils pas les dates?
6. Ne travaillent-ils pas sans intérêt?

*F. Un succès sûr.*

1. Ne lançons-nous pas une bonne affaire?
2. Ne dirigeons-nous pas la compagnie d'une façon intelligente?
3. N'engageons-nous pas de bons travailleurs?
4. N'aménageons-nous pas les bureaux?
5. Ne changeons-nous pas nos stratégies selon chaque situation?
6. Ne commençons-nous pas à gagner de l'argent?

*G. Après la réunion.*

1. a. Ne lance-t-on pas une bonne affaire?
   b. On ne lance pas une bonne affaire?
2. a. Ne dirige-t-on pas la compagnie d'une façon intelligente?
   b. On ne dirige pas la compagnie d'une façon intelligente?
3. a. N'engage-t-on pas de bons travailleurs?
   b. On n'engage pas de bons travailleurs?
4. a. N'aménage-t-on pas les bureaux?
   b. On n'aménage pas les bureaux?
5. a. Ne change-t-on pas nos (les) stratégies selon chaque situation?
   b. On ne change pas nos (les) stratégies selon chaque situation?
6. a. Ne commence-t-on pas à gagner de l'argent?
   b. On ne commence pas à gagner de l'argent?

*H. Au contraire.*

1. —Claire n'arrive pas ce matin?
   —Non, elle arrive ce soir.
2. —Marc et Geneviève ne sont pas en classe?
   —Non, ils sont malades.
3. —Tu n'as pas sommeil?
   —Non, j'ai envie de sortir.
4. —Je n'ai pas raison?
   —Non, tu as tort. (Non, vous avez tort.)
5. —Ton frère et toi, vous ne prenez pas le petit déjeuner à la maison?
   —Non, nous prenons un café à l'université.
6. —Lise ne suit pas un régime?
   —Non, elle prend du poids.
7. —Vous et vos parents, vous n'êtes pas en colère?
   —Non, nous sommes de bonne humeur.
8. —Tu ne sors pas?
   —Non, je reste à la maison.

*I. Et en plus.*

1. —Il n'a pas mal au dos?
   —Si, et il a mal aux jambes aussi.
2. —Il ne fait pas de vent?
   —Si, et il fait froid aussi.
3. —Tu ne fais pas les lits chez toi?
   —Si, et je fais le linge aussi.
4. —Marianne ne joue pas du violon?
   —Si, et elle chante aussi.
5. —Ta sœur et toi, vous n'apprenez pas à parler chinois?
   —Si, et nous apprenons à écrire aussi.
6. —Je ne peux pas assister à la conférence?
   —Si, et tu peux aller au concert aussi.

*J. Comment est-ce que ça se dit?*

1. L'écologie est-elle importante?
2. Les animaux jouent-ils un rôle important dans notre vie?
3. Les gens souffrent-ils à cause de la pollution?
4. Les légumes sont-ils bons pour la santé?
5. Les cigarettes font-elles mal?

*L. La grammaire en action: Des grands titres en forme de questions.*

1. Est-ce que l'ordinateur va écrire à notre place?
2. Est-ce que les lions sont malades de la peste?
3. Est-ce que Moreau a des ambitions présidentielles?
4. Est-ce que la Russie peut devenir une vraie démocratie?
5. Est-ce que les nouvelles méthodes scolaires sont vraiment bonnes?

# CHAPTER 5
*Imperative*

*A. Comment être un bon élève.*

1. Ne déchirez pas vos copies.
2. Ne laissez pas vos crayons sur la table.
3. Ne mangez pas dans la salle de classe.
4. Ne mâchez pas de chewing-gum en classe.
5. Ne salissez pas la salle de classe.
6. Ne faites pas de bruit.
7. Ne jetez pas de papiers par terre.
8. N'interrompez pas le professeur.
9. Ne lisez pas de bandes dessinées en classe.
10. N'oubliez pas vos calculettes.

*B. Projets de vacances.*

1. Non, ne partons pas la semaine prochaine. Attendons la fin du mois.
2. Non, ne prenons pas l'avion. Prenons le train.
3. Non, ne descendons pas dans un hôtel de luxe. Choisissons une auberge.
4. Non, ne visitons pas les monuments en taxi. Louons une voiture.
5. Non, n'assistons pas aux concerts. Allons voir les pièces de théâtre.
6. Non, ne mangeons pas dans le restaurant de l'hôtel. Dînons dans les restaurants de la ville.

*C. Des conseils à une amie qui part.*

1. D'abord, descends dans la rue.
2. Ensuite, cherche une librairie.
3. Là-bas, demande un livre sur les Alpes.
4. Rentre tout de suite à ton appartement.
5. Après, lis le livre.
6. Choisis ton itinéraire.
7. Après, téléphone à l'agent de voyages.
8. Finalement, fais les valises.

*D. De mère en fille.*

1. Lis les annonces.
2. Regarde les rabais.
3. Va aux grands magasins.
4. Essaie (Essaye) les vêtements qui te plaisent.
5. Choisis une robe.
6. Paie (Paye) avec la carte de crédit.
7. Reviens à la maison.
8. Mets ta nouvelle robe.

*E. On fait des projets.*

1. Allons en ville.
2. Prenons le train de 9 heures.
3. Descendons à la gare centrale.
4. Faisons une promenade.

5. Regardons les vitrines des magasins.
6. Déjeunons dans un bon restaurant.
7. Cherchons un bon film.
8. Après le film, flânons dans le jardin public.
9. Achetons des livres dans une librairie.
10. Rentrons par le train de 5 heures.

*F. Ce qu'on doit faire.*

1. Non, ne mens pas. Dis la vérité.
2. Non, ne descends pas. Reste en haut.
3. Non, ne lis pas le texte. Écris la composition.
4. Non, ne suis pas ce régime. Fais du sport.
5. Non, ne mincis pas. Prends du corps.
6. Non, ne prépare pas le déjeuner. Fais la vaisselle.
7. Non, ne nettoie pas la cuisine. Balaie (Balaye) l'escalier.
8. Non, ne jette pas cette robe. Offre les vieux vêtements aux voisins.

*G. Quel enfant!*

1. Ne renverse pas la bouteille!
2. N'écris pas sur les murs!
3. Ne débranche pas l'ordinateur!
4. Ne jette pas mon portefeuille à la poubelle!
5. Ne dessine pas sur mon cahier!
6. Ne grimpe pas sur la table!
7. Ne laisse pas le frigo ouvert!
8. Ne cache pas les clés de la voiture!

*H. On a des invités ce soir.*

1. Descendez à 7 heures et demie.
2. Allez à la boulangerie.
3. Achetez du pain.
4. Traversez la rue.
5. Entrez chez le marchand de légumes.
6. Prenez un kilo d'asperges et de la salade.
7. Passez à la boucherie.
8. Cherchez le poulet que j'ai commandé hier.
9. Rentrez tout de suite.
10. Commencez à préparer le dîner.

*I. Comment est-ce que ça se dit?*

1. Arrive/Arrivez à l'heure.
2. Écoute/Écoutez le professeur.
3. Ne dors/dormez pas en classe.
4. N'oublie/oubliez jamais le livre.
5. Réponds/Répondez aux questions.
6. Répète/Répétez après le professeur.
7. Essaie (Essaye)/Essayez de comprendre le professeur.
8. Ne dérange/dérangez pas les autres étudiants.

*K. La grammaire en action.*

1. monte
2. descends
3. embarque
4. décolle
5. montons
6. descendons
7. embarquons
8. décollons

# CHAPTER 6
*Passé composé*

*A. C'était hier.*

1. Non. Mais il a nagé hier.
2. Non. Mais nous avons déjeuné en ville hier.
3. Non. Mais il a pris de l'essence hier.
4. Non. Mais nous avons nettoyé notre chambre hier.
5. Non. Mais ils ont rédigé un thème hier.
6. Non. Mais j'ai appris le vocabulaire hier.
7. Non. Mais il a fait le linge hier.
8. Non. Mais nous avons fini hier.
9. Non. Mais j'ai attendu mes amis hier.
10. Non. Mais elle a répondu en classe hier.
11. Non. Mais ils ont obtenu les résultats de l'examen hier.
12. Non. Mais le film a repris hier.
13. Non. Mais j'ai eu mal à l'estomac hier.
14. Non. Mais tu as été (Vous avez été) en avance hier.
15. Non. Mais il a fait beau hier.

*B. Une aventure routière.*

1. J'ai invité mon copain Serge à faire une promenade en voiture avec moi.
2. Nous avons décidé d'aller à la campagne.
3. Nous avons fait le plein avant de partir.
4. Tout d'un coup, nous avons entendu un bruit.
5. Nous avons eu un pneu crevé.
6. Nous avons poussé la voiture au bord du boulevard.
7. Nous avons acheté un nouveau pneu à la station-service.
8. Nous avons dépensé tout notre argent.
9. Nous n'avons pas pu aller à la campagne.
10. J'ai remonté le boulevard.
11. J'ai garé la voiture devant mon immeuble.
12. Serge et moi, nous avons passé la journée devant la télé.

*C. Un nouvel ordinateur.*

1. J'ai décidé d'acheter un nouvel ordinateur.
2. Mon père et moi, nous avons lu une brochure ensemble.
3. Nous avons demandé d'autres brochures.
4. Mon père a trouvé un revendeur bien informé.
5. Nous avons posé beaucoup de questions au revendeur.
6. Il a répondu patiemment à nos questions.

7. Nous avons choisi un ordinateur multimédia.
8. J'ai acheté des logiciels.
9. Mon père a trouvé des CD-ROM intéressants.
10. J'ai mis mon nouvel ordinateur dans ma chambre.

**D.** *Une lettre de son cousin.*

1. Marie a reçu une lettre.
2. Elle a ouvert l'enveloppe.
3. Elle a lu la lettre.
4. Son cousin François a écrit la lettre.
5. Il a été malade.
6. Il a passé deux semaines à l'hôpital.
7. Marie a montré la lettre à ses parents.
8. Ils ont dit à Marie de téléphoner à François.
9. Elle a invité François à passer les vacances chez elle.
10. François a accepté.
11. Il a été très content.
12. Il a promis d'arriver au début du mois de juillet.

**E.** *Ma soirée.*

1. Je suis arrivée chez moi vers 5 heures et demie.
2. J'ai posé mes affaires sur le lit.
3. Je suis redescendue.
4. Je suis allée au supermarché pour acheter quelque chose à manger.
5. Je suis rentrée tout de suite.
6. J'ai préparé mon dîner.
7. Lise et Solange sont passées vers 7 heures.
8. Elles sont restées une heure.
9. Elles sont parties à 8 heures.
10. J'ai fait mes devoirs.
11. J'ai regardé les informations à la télé.
12. J'ai fermé le poste vers 11 heures pour me coucher.

**F.** *Pas cette fois.*

1. Cette fois ils ne sont pas arrivés en retard.
2. Cette fois ils n'ont pas parlé de football.
3. Cette fois ils n'ont pas commandé de sandwich.
4. Cette fois ils n'ont pas bu beaucoup de Coca avec le repas.
5. Cette fois ils n'ont pas sorti la calculette pour vérifier l'addition.
6. Cette fois ils ont payé.
7. Cette fois ils ont laissé un pourboire.
8. Cette fois ils ne sont pas rentrés tout de suite après le repas.

**G.** *Dormir à la belle étoile.*

1. Trois de mes amis et moi, nous avons voulu coucher à la belle étoile.
2. Nous sommes allés à la campagne.
3. Nous avons campé à côté du fleuve.
4. Claude et moi, nous avons fait un feu.
5. Marc et Philippe ont dressé les tentes.
6. Nous avons mangé autour du feu.
7. Vers 9 heures, nous sommes entrés sous nos tentes.
8. Chacun est entré dans son sac de couchage.
9. Soudain, j'ai entendu un cri affreux.
10. Marc a remarqué un serpent sous la tente.
11. Philippe et lui sont sortis de la tente en courant.
12. Nous avons été pris de panique.
13. Le serpent est parti en rampant.
14. Je crois que le pauvre serpent a eu peur.
15. Nous avons arrêté de hurler.
16. Chacun est rentré sous sa tente.
17. Personne n'a fermé l'œil de la nuit.
18. Le matin nous avons plié les tentes.
19. Nous sommes retournés chez nous.
20. Tout le monde a été épuisé.

**H.** *Quelle journée!*

1. a sorti
2. est parti
3. a monté
4. a vu
5. a dû
6. est arrivé
7. a demandé
8. est sortie
9. a fait
10. a étendu
11. sont descendues
12. ont descendu
13. sont rentrées
14. ont monté
15. sont entrées
16. a commencé
17. a dit
18. ont rentré

**I.** *Élisabeth s'installe à Paris.*

1. quitté
2. offert
3. accepté
4. fait
5. pris
6. arrivée
7. commencé
8. lues
9. vus
10. donné
11. cherchée
12. entrée
13. demandé
14. montrés
15. choisi
16. trouvée
17. commencé
18. présentée
19. accueillie

**J.** *Lequel?*

1. Les devoirs que j'ai faits hier?
2. La lettre que j'ai reçue hier?
3. La composition que j'ai rédigée hier?
4. Le sac à dos que j'ai acheté hier?
5. L'appareil photo que j'ai employé hier?
6. La cassette vidéo que j'ai regardée hier?
7. Les disques compacts que j'ai écoutés hier?
8. Les chaussures que j'ai mises hier?
9. Les lunettes de soleil que j'ai portées hier?
10. Les revues que j'ai lues hier?

*K. Au cinéma.*

1. Hier j'ai téléphoné à Berthe.
2. Je lui ai demandé, «Tu veux aller au cinéma?»
3. Elle a répondu, «Oui».
4. Je suis passé la prendre à 7 heures.
5. Elle est descendue et nous avons pris l'autobus.
6. Nous sommes arrivés au cinéma à 7 heures et demie.
7. J'ai tout de suite pris (acheté) les billets.
8. Berthe et moi, nous avons cherché un café.
9. Nous avons pris un café et une pâtisserie.
10. J'ai regardé ma montre.
11. J'ai dit, «Il est 8 heures moins 5.»
12. Nous sommes vite rentrés (retournés) au cinéma et nous sommes entrés.

*M. La grammaire en action.*

1. c
2. a
3. e
4. b
5. d
6. b
7. d
8. b

## CHAPTER 7
*Imperfect; imperfect versus passé composé*

*A. Avant c'était différent.*

1. Vous ne croyez plus à cette histoire. Avant vous croyiez à cette histoire.
2. Il ne lit plus en allemand. Avant il lisait en allemand.
3. Elles ne font plus les carreaux. Avant elles faisaient les carreaux.
4. Tu n'habites plus en ville. Avant tu habitais en ville.
5. Ils ne vivent plus bien. Avant ils vivaient bien.
6. Mon chien n'obéit plus. Avant il obéissait.
7. Elle ne rougit plus. Avant elle rougissait.
8. Je ne réponds plus en classe. Avant je répondais en classe.
9. Tu ne voyages plus. Avant tu voyageais.
10. Elle ne prononce plus correctement. Avant elle prononçait correctement.
11. Vous n'appréciez plus la musique classique. Avant vous appréciiez la musique classique.
12. Ils ne rangent plus leurs affaires. Avant ils rangeaient leurs affaires.

*B. Ma jeunesse.*

1. Nous avions une maison dans un quartier tranquille.
2. Elle était grande.
3. La maison avait dix pièces.
4. Mes parents travaillaient en ville.
5. Ils allaient au bureau en autobus.
6. L'arrêt était au coin de la rue.
7. Beaucoup d'autres jeunes filles habitaient dans notre rue.
8. Je jouais avec elles.
9. Nous allions à l'école ensemble.
10. Je gardais souvent ma petite sœur Marguerite.
11. Je l'emmenais au parc.
12. Nous étions tous très contents.

*C. Grand-mère évoque son enfance.*

1. Nous vivions à la campagne.
2. Je partageais une chambre avec ma sœur.
3. Nous n'avions pas beaucoup d'argent.
4. Mais on était heureux.
5. Je nageais dans le lac.
6. Les enfants couraient dans les champs.
7. Mes parents élevaient des vaches.
8. Nous vendions le lait.
9. Ton grand-père commençait à venir me voir.
10. J'avais 18 ans.

*D. Nos vacances à l'époque.*

1. Je passais souvent les vacances chez ma tante.
2. Je voulais toujours aller au bord de la mer.
3. Ma famille et moi, nous visitions chaque été une région de France.
4. Mes cousins m'invitaient tous les ans chez eux.
5. Nous, on prenait le plus souvent les vacances en hiver.
6. Ma cousine Élisabeth venait en général chez nous à Paris.
7. Nous partions d'habitude en Suisse.
8. Mon père louait tous les étés un appartement à Nice.

*E. Un temps trop variable.*

1. Il faisait du vent quand je suis arrivée à l'arrêt.
2. Il bruinait quand l'autobus est venu.
3. Il pleuvait quand je suis montée dans l'autobus.
4. Il faisait froid quand je suis arrivée à la faculté.
5. Il gelait quand j'ai retrouvé mon amie Hélène.
6. Il neigeait quand nous sommes entré(e)s dans l'amphithéâtre.
7. Il tonnait quand le professeur a commencé sa conférence.
8. Il grêlait quand nous sommes sorti(e)s de l'amphithéâtre.

*F. Quand ça?*

1. Il était 8 heures et demie quand mon train est venu.
2. Il était 9 heures pile quand je suis arrivé en ville.
3. Il était un peu tard quand je suis entré dans le bureau.
4. Il était midi quand mon collègue m'a invité à déjeuner.

5. Il était une heure et demie quand nous avons fini de manger.
6. Il était tard dans l'après-midi quand j'ai quitté le bureau.
7. Il était déjà 7 heures quand j'ai retrouvé ma fiancée pour dîner.
8. Il était presque minuit quand je suis rentré chez moi.

**G.** *Comment faire le ménage?*

1. Il a nettoyé la cuisine pendant que les enfants jouaient dans le jardin.
2. Il a fait le linge pendant que sa mère promenait le chien.
3. Il a préparé le dîner pendant que sa sœur faisait les courses.
4. Il a mis la table pendant que son fils aîné réparait la voiture.
5. Il a rangé les livres pendant que son père bricolait dans le sous-sol.
6. Il a ciré les meubles pendant que son frère lisait le journal.

**H.** *Des explications.*

1. Je ne suis pas allé(e) au restaurant parce que je n'avais pas envie de sortir.
2. Nous n'avons pas fait une promenade en voiture (avec Claude) parce que nous n'avions pas le temps.
3. Je n'ai pas lu le chapitre parce que j'avais mal à la tête.
4. Albert n'a pas pris le petit déjeuner parce qu'il était trop occupé.
5. Chantal n'est pas venue à la réunion parce qu'elle travaillait.
6. Nos copains ne sont pas allés au concert parce qu'ils n'avaient pas d'argent.
7. Les voisins ne sont pas sortis parce que leur voiture était en panne.
8. Tu n'as pas répondu au professeur parce que tu ne faisais pas attention à sa question.

**I.** *On se souvient de Josette.*

1. Quand j'ai connu Josette, elle était étudiante.
2. Quand j'ai connu Josette, elle travaillait déjà.
3. Quand j'ai connu Josette, elle était institutrice.
4. Quand j'ai connu Josette, elle sortait avec Frédéric.
5. Quand j'ai connu Josette, elle était mariée.
6. Quand j'ai connu Josette, elle avait deux enfants.

**J.** *Dormir (mal) à la campagne.*

1. Le ciel était couvert pendant qu'ils cherchaient un endroit pour camper.
2. Il bruinait pendant que les deux garçons dressaient leur tente.
3. Il pleuvait pendant que Guy faisait un feu.
4. Il faisait du vent pendant qu'Alain cuisinait.
5. La température baissait pendant qu'ils mangeaient.
6. Des éclairs illuminaient le ciel pendant qu'ils ouvraient les sacs de couchage.
7. Il tonnait pendant que les deux garçons essayaient de dormir.
8. Mais le matin, il faisait beau pendant qu'ils pliaient leur tente.

**K.** *L'imprévu.*

1. Vous attendiez le bus depuis vingt minutes quand Jean-Claude est venu vous prendre avec sa voiture. / Il y avait (Ça faisait) vingt minutes que vous attendiez le bus quand Jean-Claude est venu vous prendre avec sa voiture. *You had been waiting for the bus for twenty minutes when Jean-Claude came by to get you in his car.*
2. Nous étudiions à la bibliothèque depuis six heures quand Christine nous a invités à dîner chez elle. / Il y avait (Ça faisait) six heures que nous étudiions à la bibliothèque quand Christine nous a invités à dîner chez elle. *We had been studying in the library for six hours when Christine invited us to have dinner at her house.*
3. Odile dormait depuis dix minutes quand le téléphone a sonné. / Il y avait (Ça faisait) dix minutes qu'Odile dormait quand le téléphone a sonné. *Odile had been sleeping for ten minutes when the telephone rang.*
4. Sylvain entrait des données depuis deux heures quand il y a eu une panne d'électricité. / Il y avait (Ça faisait) deux heures que Sylvain entrait des données quand il y a eu une panne d'électricité. *Sylvain had been inputting data for two hours when there was a power failure.*
5. Brigitte faisait du jogging depuis une heure quand il a commencé à pleuvoir. / Il y avait (Ça faisait) une heure que Brigitte faisait du jogging quand il a commencé à pleuvoir. *Brigitte had been jogging for an hour when it began to rain.*
6. Alain rangeait ses affaires depuis dix minutes quand ses amis l'ont appelé pour jouer au football. / Il y avait (Ça faisait) dix minutes qu'Alain rangeait ses affaires quand ses amis l'ont appelé pour jouer au football. *Alain had been straightening up his things for ten minutes when his friends called him to play soccer.*

### L. *J'ai une idée!*

1. a. Si nous jouions aux cartes?
   b. Si on jouait aux cartes?
2. a. Si nous achetions le journal?
   b. Si on achetait le journal?
3. a. Si nous passions chez Françoise?
   b. Si on passait chez Françoise?
4. a. Si nous regardions un film à la télé?
   b. Si on regardait un film à la télé?
5. a. Si nous mangions au restaurant?
   b. Si on mangeait au restaurant?
6. a. Si nous commencions nos devoirs?
   b. Si on commençait nos devoirs?

### M. *Comment dit-on cela en français?*

1. —Savez-vous le nom de la rue où elle habite?
   —Non, mais je l'ai su ce matin.
2. —Est-ce qu'ils voulaient passer la journée en ville?
   —Oui, mais ils n'ont pas pu.
3. Je pouvais travailler hier, mais je n'ai pas voulu quitter la maison.
4. —Est-ce que tu as eu la lettre hier?
   —Non, j'avais la lettre depuis une semaine.
5. —Est-ce que vous avez connu le professeur?
   —Je le connaissais déjà.

### N. *Une visite au musée.*

1. voulais
2. suis entré(e)
3. étaient
4. avait
5. ai vu
6. suis passé(e)
7. suis monté(e)
8. ai trouvé
9. suis descendu(e)
10. voulais
11. ai remarqué
12. intéressaient
13. avais
14. ai acheté
15. ai décidé

### O. *Fernand cherche du travail.*

1. a quitté
2. a pris
3. est arrivé
4. avait
5. connaissait
6. a trouvé
7. fallait
8. recevait
9. vivait
10. a renoncé
11. a invité
12. a mis
13. ont ouvert
14. étaient
15. sont devenus

### Q. *Michel Fugain, chanteur.*

1. V
2. F
3. F
4. F
5. V
6. F
7. V
8. V

## CHAPTER 8
### *Reflexive verbs*

### A. *Jumeaux.*

1. Je me lève tout de suite. Jérôme se lève tout de suite.
2. Je me brosse les dents. Jérôme se brosse les dents.
3. Je me peigne. Jérôme se peigne aussi.
4. Je me rase. Jérôme se rase aussi.
5. Je m'habille. Jérôme s'habille aussi.
6. Je me lave les mains. Jérôme se lave les mains aussi.
7. Je me lave la figure. Jérôme se lave la figure aussi.
8. Je me repose. Jérôme se repose aussi.
9. Je me couche à 11 heures. Jérôme se couche à 11 heures aussi.
10. Je m'endors tout de suite. Jérôme s'endort tout de suite aussi.

### B. *C'est la mère des jumeaux qui parle.*

1. Ils se lèvent tout de suite.
2. Ils se brossent les dents.
3. Ils se peignent.
4. Ils se rasent.
5. Ils s'habillent.
6. Ils se lavent les mains.
7. Ils se lavent la figure.
8. Ils se reposent.
9. Ils se couchent à 11 heures.
10. Ils s'endorment tout de suite.

### C. *Notre journée.*

1. Nous nous levons immédiatement.
2. Nous nous lavons les mains et la figure.
3. Nous nous brossons les dents.
4. Nous nous lavons la tête.
5. Nous nous séchons les cheveux.
6. Nous nous maquillons.
7. Nous nous peignons.
8. Nous nous brossons les cheveux.
9. Nous nous limons les ongles.
10. Nous nous habillons avec soin.

### D. *Au cinéma.*

1. Je me réunis avec mes copains.
2. Ils se trouvent dans un café du centre.
3. Je m'approche du café.
4. Mes copains se lèvent.
5. Nous nous éloignons du café.
6. Nous nous dirigeons vers le cinéma.
7. Nous nous dépêchons.
8. Nous nous arrêtons au guichet pour prendre les billets.
9. Nous entrons dans le cinéma et nous nous asseyons.

*E. Sentiments.*

1. Je ne veux pas m'inquiéter.
2. Vous devez vous calmer.
3. Il ne peut pas se sentir triste.
4. Elles ne veulent pas s'ennuyer.
5. Tu ne dois pas te mettre en colère.
6. Nous n'allons pas nous offenser.
7. Le professeur va s'impatienter.
8. Tu dois t'animer.

*F. Cette fois ça va être différent.*

1. En général, je ne me fâche pas, mais cette fois je vais me fâcher.
2. En général, elles ne s'énervent pas, mais cette fois elles vont s'énerver.
3. En général, tu ne t'impatientes pas, mais cette fois, tu vas t'impatienter.
4. En général, il ne s'offense pas, mais cette fois il va s'offenser.
5. En général, nous ne nous inquiétons pas, mais cette fois nous allons nous inquiéter.
6. En général, vous ne vous embêtez pas, mais cette fois vous allez vous embêter.
7. En général, je ne me sens pas de trop, mais cette fois je vais me sentir de trop.
8. En général, tu ne te passionnes pas, mais cette fois tu vas te passionner.

*G. Conseils psychologiques.*

1. Vous devez vous calmer.
2. Elle doit s'amuser un peu.
3. Je dois me sentir heureux (heureuse).
4. Nous ne devons pas nous mettre en colère.
5. Ils doivent s'enthousiasmer.
6. Tu ne dois pas t'impatienter.
7. Je dois m'animer un peu.
8. Vous ne devez pas vous offenser.

*H. Ne t'impatiente pas!*

1. —Quand est-ce que tu vas te mettre à préparer le dîner?
   —Je me suis déjà mise à préparer le dîner.
2. —Quand est-ce que les enfants vont se coucher?
   —Ils se sont déjà couchés.
3. —Quand est-ce que vous allez vous occuper du linge, Josette et toi?
   —Nous nous sommes déjà occupées du linge.
4. —Quand est-ce que tu vas te reposer?
   —Je me suis déjà reposée.
5. —Quand est-ce qu'Elvire va se laver la tête?
   —Elle s'est déjà lavé la tête.
6. —Quand est-ce que tu vas te limer les ongles?
   —Je me suis déjà limé les ongles.
7. —Quand est-ce que Carole et Paulette vont se calmer? —Elles se sont déjà calmées.
8. —Quand est-ce que je vais me brosser les cheveux?
   —Tu t'es déjà brossé les cheveux.

*I. Pas encore.*

1. Non, je ne me suis pas encore levée.
2. Non, je ne me suis pas encore rasé.
3. Non, nous ne nous sommes pas encore brossé les dents.
4. Non, je ne me suis pas encore lavé la tête.
5. Non, je ne me suis pas encore habillé.
6. Non, nous ne nous sommes pas encore peignés.

*J. Une excursion du collège.*

1. Olivier et Jean se sont réveillés de bonne heure.
2. Christine s'est lavé la tête.
3. Monique et Véronique se sont préparées pour le départ.
4. Mireille s'est dépêchée comme une folle.
5. Christian et Pierre se sont chargés de la nourriture.
6. Tous les étudiants se sont réunis devant le collège.
7. Ils se sont assis dans les autocars.
8. Les autocars se sont éloignés de l'établissement.

*K. Zéro de conduite.*

1. Le petit Claude s'est mouillé la chemise en buvant un Coca.
2. Marlise s'est salie dans le garage.
3. Les jumeaux se sont moqués du voisin.
4. Les parents de Philippe se sont mis en panique.
5. Leur fils s'est échappé de la maison.
6. Caroline s'est plainte de tout.
7. Le petit Baudoin s'est caché au sous-sol.
8. Odile s'est coupé le doigt avec un couteau.
9. Moi, je me suis fatiguée.
10. Je me suis couchée de bonne heure.

*L. Pas hier.*

1. Oui, mais hier nous ne nous sommes pas vus.
2. Oui, mais hier nous ne nous sommes pas écrit.
3. Oui, mais hier nous ne nous sommes pas parlé.
4. Oui, mais hier nous ne nous sommes pas téléphoné.
5. Oui, mais hier nous ne nous sommes pas donné rendez-vous.
6. Oui, mais hier nous ne nous sommes pas aidés.
7. Oui, mais hier nous ne nous sommes pas accompagnés.
8. Oui, mais hier nous ne nous sommes pas invités.

*M. Histoire d'amour.*

1. Ils se sont vus.
2. Ils se sont connus.
3. Ils se sont parlé.
4. Ils se sont compris.
5. Ils sont tombés amoureux.
6. Ils se sont acheté des petits cadeaux.
7. Ils se sont fiancés.
8. Après un temps, ils se sont disputés.
9. Ils se sont menti.
10. Ils ont rompu.
11. Ils ne se sont pas mariés.

*N. Quelle lenteur!*

1. Lève-toi. Levez-vous.
2. Habille-toi. Habillez-vous.
3. Dépêche-toi. Dépêchez-vous.
4. Lave-toi les mains. Lavez-vous les mains.
5. Ne t'énerve pas. Ne vous énervez pas.
6. Ne te repose plus. Ne vous reposez plus.
7. Ne te dispute pas. Ne vous disputez pas.
8. Ne te recouche pas. Ne vous recouchez pas.
9. Dirige-toi vers la porte. Dirigez-vous vers la porte.
10. Prépare-toi pour partir. Préparez-vous pour partir.

*O. On s'encourage.*

1. Rasons-nous.
2. Habillons-nous.
3. Dépêchons-nous.
4. Lavons-nous les mains.
5. Ne nous énervons pas.
6. Ne nous reposons plus.
7. Ne nous disputons pas.
8. Aidons-nous.
9. Dirigeons-nous vers la porte.
10. Préparons-nous pour partir.

*P. Posez vos questions!*

1. Ce produit se vend-il bien?
2. Les étudiants s'amusent-ils au bal?
3. Ne vous dirigez-vous pas vers la sortie?
4. Ne se sont-ils pas approchés du guichet?
5. Ne nous éloignons-nous pas du centre de la ville?
6. Pourquoi vos amis ne se sont-ils plus réunis?
7. Pourquoi ne t'intéresses-tu plus au cinéma?
8. À quelle heure se sont-elles mises en route?
9. Ne se sont-ils pas offensés?
10. S'est-elle souvenue de moi?
11. Pourquoi ne s'est-elle pas habituée à la vie française?
12. Vous attendez-vous à le voir?

*Q. Comment est-ce que ça se dit?*

1. Ils s'en sont allés. Moi aussi, je compte m'en aller.
2. Nous nous sommes trompés de train.
3. Ce parc s'appelle le jardin du Luxembourg.
4. Ça (Cela) ne se dit pas.
5. Je me méfie des chiens que je ne connais pas.
6. Il ne se souciait jamais de son travail.
7. Nous nous sommes fiés (Nous nous fiions) à nos amis.
8. Est-ce que vous vous souvenez du professeur Gauthier?
9. Ils ne se sont pas donné la peine de chercher un bon hôtel.
10. Je me demande s'ils se sont perdus.

*S. La grammaire en action.*

| Avant de lire: | Après la lecture: |
|---|---|
| 1. b | 1. F |
| 2. a | 2. V |
| 3. b | 3. F |
| 4. b | 4. V |
| 5. a | 5. F |
|  | 6. F |
|  | 7. V |
|  | 8. V |
|  | 9. F |
|  | 10. F |
|  | 11. V |
|  | 12. V |

## CHAPTER 9
*Future and conditional; conditional sentences (1)*

*A. C'est pour demain.*

1. Non, je ferai le ménage demain.
2. Non, ils reviendront demain.
3. Non, il ira au lycée demain.
4. Non, vous travaillerez demain.
5. Non, tu répondras demain.
6. Non, je saurai la réponse demain.
7. Non, tu enverras la lettre demain.
8. Non, vous emmènerez les enfants au zoo demain.
9. Non, nous projetterons le film demain.
10. Non, ils compléteront leur travail demain.

*B. Je crois.*

1. Je crois que tu réussiras.
2. Je crois qu'ils descendront.
3. Je crois qu'il ira.
4. Je crois qu'il neigera.
5. Je crois que je sortirai.
6. Je crois que vous arriverez à l'heure.
7. Je crois qu'ils nous prêteront la voiture.
8. Je crois que je compléterai mes devoirs.

**C.** *Je ne sais pas.*

1. Je ne sais pas s'ils partiront.
2. Je ne sais pas si je travaillerai.
3. Je ne sais pas si tu passeras (vous passerez) l'examen.
4. Je ne sais pas s'il reviendra.
5. Je ne sais pas s'ils iront à l'école.
6. Je ne sais pas si je conduirai.
7. Je ne sais pas s'ils liront.
8. Je ne sais pas si on projettera un film.
9. Je ne sais pas si je voudrai venir.
10. Je ne sais pas s'il pourra rentrer.

**D.** *Des projets pour l'été.*

1. Maman fera les valises.
2. La fille aînée s'occupera des petits.
3. Papa se chargera de la voiture.
4. Tout le monde se réveillera à 7 heures du matin.
5. Tous les membres de la famille se dépêcheront.
6. Personne ne se mettra en colère.
7. Les enfants s'entraideront.
8. Les grands-parents prépareront le petit déjeuner.
9. La tante Marie fermera les fenêtres.
10. Les Ramonet se mettront en route vers 10 heures du matin.

**E.** *On se met en route.*

1. Je ferai ma valise dès que le linge sera sec.
2. Les enfants s'habilleront quand ils rentreront de l'école.
3. Nous mangerons quand maman reviendra du marché.
4. Mon frère mettra les valises dans la voiture aussitôt que papa reviendra de la station-service.
5. Nous choisirons la route quand je trouverai la carte.
6. Nous partirons quand il fera beau.
7. Nous chercherons un hôtel lorsque nous arriverons à Aurillac.
8. Je me coucherai aussitôt que nous serons dans l'hôtel.

**F.** *Conseils et ordres.*

1. Sortez dès que la cloche sonnera.
2. Téléphone aussitôt qu'Albert arrivera.
3. Mettez-vous à prendre des notes quand le professeur commencera sa conférence.
4. Descends à la cuisine quand je t'appellerai.
5. Venez me voir quand vous pourrez.
6. Ferme la porte à clé quand tu t'en iras.
7. Dites bonjour de ma part à votre fils quand vous le verrez.
8. Lisez ma lettre dès que vous la recevrez.

**G.** *Si on pouvait.*

1. Oui, tu rentrerais si tu pouvais. (Vous rentreriez si vous pouviez.)
2. Oui, elles feraient du ski si elles pouvaient.
3. Oui, je deviendrais poète si je pouvais.
4. Oui, vous vous verriez tous les jours si vous pouviez.
5. Oui, tu te mettrais en route si tu pouvais. (Vous vous mettriez en route si vous pouviez.)
6. Oui, il se promènerait s'il pouvait.
7. Oui, nous achèterions du pain si nous pouvions.
8. Oui, vous seriez de retour si vous pouviez.

**H.** *Moi non plus.*

1. Moi non plus, je ne prendrais pas la voiture.
2. Moi non plus, je ne ferais pas la vaisselle.
3. Moi non plus je ne m'assoirais (m'assiérais) pas dans le jardin.
4. Moi non plus, je ne regarderais pas la télé.
5. Moi non plus, je n'enlèverais pas mon pull.
6. Moi non plus, je ne projetterais pas ce film.
7. Moi non plus, je ne répéterais pas ces slogans.
8. Moi non plus, je ne courrais pas.

**I.** *Impossible!*

1. Impossible! Je ne renoncerais pas à mon travail.
2. Impossible! Elle ne rejetterait pas notre offre.
3. Impossible! Il ne se lèverait pas pendant la classe.
4. Impossible! Ils ne feraient pas grève.
5. Impossible! Je n'exagérerais pas.
6. Impossible! Tu ne perdrais pas les billets.
7. Impossible! Il ne tomberait pas en skiant.
8. Impossible! Il ne jetterait pas son dîner à la poubelle.

**J.** *Des progrès personnels pour Jean-Pierre.*

1. Si Jean-Pierre s'habillait bien, les autres étudiants ne se moqueraient pas de lui.
2. Si Jean-Pierre faisait du sport, il connaîtrait beaucoup de monde.
3. Si Jean-Pierre s'intéressait à ses études, il serait préparé en classe.
4. Si Jean-Pierre ne s'absentait pas souvent, les professeurs ne se fâcheraient pas contre lui.
5. Si Jean-Pierre ne lisait pas de bandes dessinées en classe, les profs ne seraient pas furieux.
6. Si Jean-Pierre ne mangeait pas toujours seul, il parlerait avec les autres étudiants.

**K.** *Déménagement.*

1. Si maman installe la machine à laver au sous-sol, nous aurons plus de place dans la cuisine.
2. Si je mets la lampe à côté du fauteuil, je pourrai lire.
3. Si nous nettoyons le tapis, nous le mettrons dans le salon.

4. Si tu trouves la table en plastique, tu pourras la mettre sur la terrasse.
5. Si on laisse l'ordinateur dans ma chambre, je ferai mes devoirs sans embêter les autres.
6. Si les déménageurs montent une étagère dans ma chambre, je rangerai tous mes livres.

### L. Il y a toujours des problèmes quand on déménage.

1. Si on avait deux postes de télé, on pourrait regarder la télé dans le séjour.
2. Si cette maison avait un grenier, il y aurait de la place pour les boîtes.
3. Si la cheminée fonctionnait, nous pourrions faire un feu.
4. Si on avait des tableaux dans le salon, il serait accueillant.
5. Si j'avais une chaîne stéréo dans ma chambre, je n'écouterais pas mes disques dans le séjour.
6. Si le frigo n'était pas tellement petit, maman ne ferait pas les courses plusieurs fois par semaine.
7. Si tu décrochais les rideaux, je pourrais les laver.
8. Si cette fenêtre se fermait bien, il ne ferait pas froid dans ma chambre.

### M. Problèmes de santé.

1. Si je me sentais mal, j'irais chez le médecin.
2. S'il me fallait maigrir, je ne mangerais que des légumes et des fruits.
3. S'il sortait sous la pluie, il attraperait un rhume.
4. Si elle tombait malade, elle se reposerait.
5. Si nous allions pieds nus, nous nous ferions mal au pied.
6. Si tu avais mal à la tête, tu prendrais des comprimés d'aspirine.
7. Si le médecin m'ordonnait des antibiotiques, je ne les prendrais pas.
8. Si j'étais en forme, je ne me fatiguerais pas tellement.

### O. La grammaire en action.

1. b
2. a
3. a
4. b
5. b
6. b

## CHAPTER 10
*Pluperfect, future perfect, and past conditional; conditional sentences (2)*

### A. Jacques était absent.

1. Tous les étudiants avaient pris leur place quand le professeur Jourdain est entré.
2. Le professeur avait déjà commencé à parler quand Marc a sorti son cahier.
3. Rachelle s'était endormie quand le professeur a commencé à poser des questions.
4. Le professeur avait fini sa conférence quand la cloche a sonné.
5. Nous nous étions assis dans la cantine quand Jacques est arrivé.
6. Il nous a demandé si nous avions assisté à la classe du professeur Jourdain.
7. Hélène lui a répondu que nous avions tous été présents.
8. Je lui ai prêté les notes que j'avais prises.

### B. Explications.

1. C'est qu'elle m'avait déjà téléphoné avant-hier.
2. C'est qu'elle était déjà venue me voir avant-hier.
3. C'est qu'ils avaient déjà demandé le nom du médecin avant-hier.
4. C'est que j'avais déjà passé mon permis de conduire avant-hier.
5. C'est qu'elles avaient déjà fait leur travail avant-hier.
6. C'est que j'avais déjà posté la lettre avant-hier.
7. C'est qu'il avait déjà fait le plein avant-hier.
8. C'est qu'elle avait déjà balayé la cuisine avant-hier.

### C. Déjà fait à 8 heures et demie du matin.

1. … ma sœur avait pris une douche.
2. … ma mère avait préparé le petit déjeuner.
3. … je m'étais levé(e).
4. … mon amie Ghislaine avait téléphoné deux fois.
5. … mon père n'était pas parti pour le bureau.
6. … j'avais relu mes notes de biologie.
7. … mes frères avaient mis leurs livres dans leurs serviettes.
8. … je ne m'étais pas habillé(e).

### D. C'est ce qu'elle a demandé.

1. Elle m'a demandé si nous avions invité Suzanne.
2. Elle m'a demandé si Marc avait fini ses devoirs.
3. Elle m'a demandé si tu avais trouvé un emploi.
4. Elle m'a demandé si elles avaient choisi une spécialisation.
5. Elle m'a demandé s'ils s'étaient réunis hier.
6. Elle m'a demandé si M. Jourdain s'était fâché.
7. Elle m'a demandé si Paul et Christine s'étaient fiancés.
8. Elle m'a demandé si nous nous étions trompés de train.

*E. Qui aura fait quoi?*

1. Marie-France aura préparé les hors-d'œuvre.
2. Claude et Alain seront allés chercher les boissons.
3. Sylvie aura mis les couverts.
4. Jean-Paul aura choisi les cassettes.
5. Sophie et Odile auront invité tout le monde.
6. Hervé et Nathalie auront décoré la salle.
7. Marguerite aura acheté les gobelets.
8. Robert aura organisé les attractions.

*F. Trop tard.*

1. Il m'offrira un coup de main quand j'aurai fini.
2. Elle sonnera à la porte quand nous nous serons couché(e)s.
3. Tu viendras quand tout le monde sera parti.
4. Ils trouveront la carte quand nous nous serons perdu(e)s.
5. Nous arriverons quand ils auront fermé le restaurant.
6. Il nous renseignera quand nous aurons trouvé la solution.
7. Elle apportera le pain quand nous aurons fini de manger.
8. Tu viendras nous prendre en voiture quand nous serons partis en autocar.

*G. Récompensé ou puni?*

1. Tu recevras une bonne note parce tu auras étudié sérieusement.
2. On donnera un prix à Marc parce qu'il aura rédigé la meilleure composition.
3. On récompensera les étudiants parce qu'ils se seront conduits comme il faut.
4. Les journaux loueront cet agent de police parce qu'il aura agi héroïquement.
5. Le petit Pierrot recevra une bonne correction parce qu'il n'aura pas rangé ses affaires.
6. Ses parents gronderont Michèle parce qu'elle aura séché ses cours.
7. Je répondrai à toutes les questions de l'examen parce que j'aurai compris la matière.
8. Tout le monde sera déçu parce que nos cousins ne seront pas arrivés.

*H. En famille.*

1. Nous mangerons un dîner magnifique que nous aurons cuisiné.
2. J'écouterai le disque compact que j'aurai acheté.
3. Maman servira un dessert formidable avec la pâtisserie qu'elle aura achetée.
4. Ma sœur nous racontera l'histoire du roman qu'elle aura lu.
5. Mon père lira des articles dans la revue qu'il aura achetée.
6. Nous regarderons tous le film que nous aurons loué.
7. Mon père et moi, nous parlerons des articles qu'il aura lus.
8. Ma sœur chantera les nouvelles chansons qu'elle aura apprises à l'école.

*I. Je n'aurais pas fait une chose pareille.*

1. Moi, je ne me serais pas couché(e) à 5 heures du matin.
2. Moi, je n'aurais pas pris rendez-vous avec le professeur Bouvard.
3. Moi, je ne me serais pas mis(e) en route sous la pluie.
4. Moi, je n'aurais pas fait dix kilomètres à pied.
5. Moi, je n'aurais pas cueilli des fleurs dans le jardin public.
6. Moi, je n'aurais pas cru à l'histoire que Marc a racontée.
7. Moi, je n'aurais pas dépensé tout mon argent.
8. Moi, je n'aurais pas oublié la date de la réception.

*J. Eux, ils l'auraient fait.*

1. Vraiment? Guillaume aurait conduit la voiture d'André.
2. Vraiment? Jacqueline et Martin seraient descendus.
3. Vraiment? Vincent et moi, nous aurions interrompu.
4. Vraiment? Moi, j'aurais répondu.
5. Vraiment? Albert aurait employé ce mot.
6. Vraiment? Simone et moi, nous aurions plongé.
7. Vraiment? Ségolène aurait dérangé Georges.
8. Vraiment? Solange et Marie se seraient disputées avec lui.

*K. Moi, je l'aurais fait aussi.*

1. Mais si elle était allée en ville hier, moi aussi, je serais allé(e) en ville.
2. Mais si elle avait acheté des livres hier, moi aussi, j'aurais acheté des livres.
3. Mais si elle s'était promenée hier, moi aussi, je me serais promené(e).
4. Mais si elle avait envoyé ses paquets hier, moi aussi, j'aurais envoyé mes paquets.
5. Mais si elle avait pris son billet hier, moi aussi, j'aurais pris mon billet.
6. Mais si elle s'était préparée pour partir hier, moi aussi, je me serais préparé(e) pour partir.
7. Mais si elle avait écouté le disque hier, moi aussi, j'aurais écouté le disque.
8. Mais si elle avait travaillé hier, moi aussi, j'aurais travaillé.

***L.*** *Si on avait fini notre travail!*

1. Si Rachelle avait rédigé sa composition, elle se serait réunie avec ses amis.
2. Si Philippe avait relu ses leçons de chimie, il aurait pu jouer au football.
3. Si Louise et Danielle avaient préparé le compte rendu, elles seraient allées aux grands magasins.
4. Si Olivier et Jean-Luc étaient allés au laboratoire de langues, ils auraient regardé la télé.
5. Si Françoise et Guy avaient étudié l'histoire du dix-septième siècle, ils seraient allés danser.
6. Si Mireille avait fait les problèmes de maths, elle serait sortie avec Charles.
7. Si Monique et Édouard avaient révisé leurs notes de littérature française, ils auraient dîné en ville.
8. Si Jean-François avait appris le poème par cœur, il aurait joué aux jeux vidéo.

***M.*** *Résumés.*

1. Michèle aurait salué Yves (à la cantine) si elle l'avait vu.
2. Sylvie aurait téléphoné à Roger si elle n'avait pas passé toute la journée à la bibliothèque.
3. Damien aurait dit à Judith qu'il y avait un examen aujourd'hui s'il s'en était souvenu.
4. Ariane aurait suivi son régime si elle n'avait pas eu envie de manger du chocolat.
5. Nicolas aurait fait le ménage s'il avait eu le temps.
6. Patrick aurait pris sa bicyclette s'il ne s'était pas foulé la cheville.
7. Grégoire et Virginie seraient sortis s'ils n'avaient pas dû étudier.
8. Louis serait venu à la faculté s'il n'était pas allé chez le médecin.

***N.*** *Création.*

Answers will vary.

## CHAPTER 11
*Passé simple*

***A.*** *Au passé simple!*

1. je gagnai
2. tu commenças
3. elle choisit
4. elles t'attendirent
5. vous espérâtes
6. tu nageas
7. il m'encouragea
8. nous déménageâmes
9. je descendis
10. tu annonças
11. ils rangèrent
12. elles défendirent
13. vous obéîtes
14. nous entendîmes
15. je remplaçai
16. on rédigea
17. nous réfléchîmes
18. vous essayâtes
19. tu allas
20. nous partageâmes

***B.*** *Transformation.*

1. La nuit tomba.
2. La ville devint silencieuse.
3. Les habitants rentrèrent chez eux.
4. On ferma les magasins.
5. J'entrai dans un bistrot.
6. Je m'assis à une petite table.
7. J'attendis Michèle.
8. Elle voulut me voir.
9. Elle me rejoignit à 7 heures.
10. Nous prîmes un café ensemble.
11. Nous sortîmes.
12. Nous nous promenâmes dans la ville endormie.
13. Michèle me dit:
14. Je décidai de te quitter.
15. Elle rompit avec moi.
16. Je ne pus rien faire.
17. Je rentrai chez moi.
18. Je pleurai.

***C.*** *Transformation.*

1. Marthe sortit de sa maison.
2. Elle marcha à travers champ.
3. Elle s'approcha du fleuve.
4. Elle y vit trois amis.
5. Ils la saluèrent.
6. Ils l'invitèrent à manger avec eux.
7. Elle accepta.
8. Elle s'assit avec eux.
9. Ils partagèrent leur déjeuner avec elle.
10. Soudain, le temps changea.
11. Il commença à pleuvoir.
12. Les quatre amis revinrent en ville.
13. Ils se mouillèrent un peu.
14. Ils cherchèrent un café.
15. Ils commandèrent un chocolat.
16. Ils burent leur chocolat ensemble.

## CHAPTER 12
*Present participles; uses of the infinitive*

***A.*** *Des conseils.*

1. Tu auras une bonne note en faisant tes devoirs de maths tous les jours.
2. Tu arriveras à l'heure en quittant la maison à 7 heures et demie.
3. En apprenant toutes les dates par cœur, on évite les problèmes dans le cours d'histoire.
4. En écoutant des programmes en anglais à la radio, tu te prépareras pour l'examen oral.
5. On évite la fatigue en organisant son travail.
6. En regardant très peu la télé, on peut toujours finir son travail.

**B.** *La langue administrative.*

1. Les voyageurs partant pour le Nord sont priés de passer au quai numéro 3.
2. Nous annonçons un retard pour tous les avions provenant d'Afrique.
3. Le docteur Gobert verra les malades souffrant d'un problème gastrique.
4. Les étudiants passant leurs examens demain doivent arriver au lycée à 8 heures.
5. C'est un manuel d'anglais contenant tout le vocabulaire essentiel.
6. Voici une carte montrant le site des centrales nucléaires.

**C.** *Les fêtes et les célébrations.*

1. Les Maurois aiment faire un grand réveillon pour la Saint-Sylvestre.
2. Ils vont s'offrir des étrennes le jour de l'An.
3. Le 6 janvier ils espèrent inviter des amis pour manger la galette des Rois.
4. La grand-mère veut passer le dimanche de Pâques avec eux.
5. Le 8 mai ils comptent aller en Normandie pour commémorer la victoire des Alliés en 1945.
6. Leurs amis les Dufau doivent les inviter pour la Pentecôte.
7. Eux, ils pensent inviter les Dufau à Paris pour le 14 juillet.
8. Pour l'Assomption ils désirent être dans leur maison à la campagne.
9. Ils doivent aller fleurir les tombes de leurs parents décédés le 2 novembre.
10. Ils vont aller à la messe de minuit le 24 décembre.

**D.** *Au bord de la mer.*

1. Philippe voulait nager tous les jours.
2. Alice et Géraldine ont pu faire du tourisme.
3. Georges ne savait pas nager très bien.
4. Il n'osait pas s'éloigner de la plage.
5. Claudette et Brigitte préféraient jouer au tennis.
6. Louis aimait visiter les petits villages des alentours.
7. Solange n'a pas pu acheter des souvenirs.
8. Richard a dû écrire beaucoup de lettres.

**E.** *La boum de Ghislaine.*

1. X
2. à
3. X
4. X
5. à
6. à
7. à
8. X
9. à

**F.** *On modifie un peu le message.*

1. Le professeur nous encourage à lire un livre par semaine.
2. J'aime mieux rédiger mes dissertations à l'ordinateur.
3. Jacques réussira à finir son compte rendu demain.
4. Son chef engage Philomène à faire de l'allemand.
5. L'administration de l'école vous autorise à chercher du travail.
6. Henri et Jules se résignent à recevoir une mauvaise note en maths.
7. Chantal continue à réviser ses notes d'histoire.
8. Odile passe son temps à recopier ses notes.

**G.** *Élections au lycée.*

1. d'
2. à
3. X
4. X
5. d'
6. à
7. de
8. de
9. à
10. à
11. X
12. de

**H.** *Dix jours à Paris.*

1. Loïc et Charles tiennent à voir un match de football.
2. Marie-Noëlle s'empresse de s'acheter des livres.
3. Mme Richard descend tous les jours acheter des journaux.
4. Albert se flatte de connaître parfaitement toutes les lignes du métro.
5. Berthe et Christine entreprennent d'organiser un pique-nique au Bois de Boulogne.
6. Philippe compte visiter le marché aux timbres.
7. Chantal passe son temps à regarder les robes aux grands magasins.
8. Tous les étudiants brûlent de visiter le Louvre.
9. Martin essaie d'organiser une journée à la campagne.
10. Paulette et Mireille espèrent avoir le temps de voir Montmartre.

**I.** *Changement d'habitudes.*

1. Je viens de parler avec Jean-Pierre.
2. Je lui ai expliqué qu'il risque de perdre l'année scolaire.
3. Je l'ai encouragé à commencer à étudier sérieusement.
4. Il doit s'empêcher de sortir tous les jours.
5. Il a promis de faire attention en classe.
6. Il s'est excusé d'avoir eu de mauvaises notes.
7. Il ne perdra plus de temps à regarder la télé.
8. Il s'est décidé à être un bon étudiant.
9. J'ai l'intention de parler avec Jean-Pierre la semaine prochaine.

10. Nous tâcherons de / tenterons de / essaierons de / chercherons à parler toutes les semaines jusqu'à la fin de l'année scolaire.

### J. Comment aider nos amis?

1. Il faut l'encourager à apprendre les mots.
2. Il faut le commander de faire attention.
3. Il faut lui déconseiller de sortir tous les jours.
4. Il faut lui persuader de répondre.
5. Il faut leur dire de se taire.
6. Il faut leur conseiller de se concentrer sur leurs études.
7. Il faut l'aider à résoudre les problèmes.
8. Il faut les dissuader de le faire.

### K. En famille.

1. Le grand-père a convaincu son gendre Guillaume de ne pas quitter son travail.
2. Les enfants de Guillaume et Sylvie se sont empressés d'apporter des fleurs à la tante Émilie.
3. Le petit Bertrand a demandé à sa mère de lui acheter une bicyclette.
4. La grand-mère a pardonné à sa petite fille Giselle d'avoir oublié son anniversaire.
5. Guillaume et Sylvie ont félicité leur fille Christine d'avoir eu 18 à l'examen de philo.
6. L'oncle François a enseigné à sa nièce à se servir de l'ordinateur.
7. Anne-Marie a interdit à sa fille Mireille de sortir avec Frédéric.
8. Nadine a prié ses parents de l'emmener au bord de la mer.
9. Sylvie a invité ses beaux-parents à dîner.
10. Guillaume a proposé à ses parents de passer leurs vacances avec sa famille.

### L. Et chez vous?

*Answers will vary.*

### M. À compléter.

1. à
2. de
3. à
4. de
5. à
6. pour
7. de
8. de
9. à
10. pour

### N. Problèmes du logement.

1. Il faut le faire retapisser.
2. Il faut la faire réparer.
3. Il faut le faire nettoyer.
4. Il faut la faire remplacer.
5. Il faut le faire paver.
6. Il faut les faire plâtrer.
7. Il faut le faire débarrasser.

### O. Une institutrice de première.

1. Mlle Arnaud lui fait réciter des poèmes.
2. Mlle Arnaud lui fait présenter son travail devant un petit groupe.
3. Mlle Arnaud leur fait écrire une composition.
4. Mlle Arnaud lui fait relire l'explication dans son livre.
5. Mlle Arnaud leur fait regarder un film.
6. Mlle Arnaud leur fait aider leurs camarades.
7. Mlle Arnaud lui fait observer une leçon de français.
8. Mlle Arnaud nous fait écouter la chanson que les élèves ont apprise.

### P. Les causes.

1. Son petit ami l'a fait pleurer.
2. Le vent les a fait trembler.
3. Mon voisin les a fait pousser.
4. Leur institutrice les a fait lire.
5. Les clown les a fait rire.
6. Le mécanicien l'a fait démarrer.
7. Ses enfants l'ont fait sourire.
8. La chaleur l'a fait soupirer.
9. Le froid l'a fait grelotter.
10. La vendeuse l'a fait rager.

## CHAPTER 13
*Nouns: gender, number, and articles; uses of articles*

### A. À l'école.

1. le / les cahiers
2. la / les calculettes
3. l' / les étudiants
4. la / les serviettes
5. le / les papiers
6. le / les stylos
7. la / les leçons
8. le / les calendriers
9. la / les bibliothèques
10. le / les dictionnaires
11. l' / les histoires
12. la / les cloches
13. l' / les exposés
14. la / les cantines
15. le / les magnétoscopes

### B. Au magasin de vêtements.

1. un / des pulls
2. une / des chemises
3. un / des pantalons
4. une / des cravates
5. un / des rayons
6. un / des vendeurs
7. une / des vendeuses
8. une / des robes
9. un / des maillots de bain
10. une / des vestes
11. un / des costumes
12. un / des chemisiers
13. un / des soldes
14. un / des blousons
15. un / des anoraks

### C. Pas un mais deux.

1. Je veux deux chapeaux.
2. J'assiste à deux festivals.
3. J'ai deux neveux.

4. Mon nom s'écrit avec deux l.
5. Je cherche deux messieurs.
6. J'étudie deux vitraux.
7. Je prononce deux discours.
8. Je cherche deux métaux.
9. Je prends deux morceaux.
10. Je visite deux pays.
11. J'ai deux choix.
12. Je prépare deux repas.
13. Je lis deux journaux.
14. Je change deux pneus.
15. J'ai deux rivaux.

**D.** *À compléter.*

1. l'épicière
2. pharmacienne
3. une
4. une
5. le
6. la
7. une
8. le

**E.** *Elle aussi.*

1. Marguerite est musicienne aussi.
2. Émilie? Elle est épicière aussi.
3. Ma nièce est une élève de cette école primaire aussi.
4. Éloïse? C'est une Bretonne aussi.
5. Simone de Beauvoir est un écrivain célèbre aussi.
6. Hélène a été victime de son imprudence aussi.
7. Lise est une institutrice formidable aussi.
8. Mme Chauvin est la propriétaire de l'établissement aussi.
9. Sa femme est l'avocate de la défense aussi.
10. Chantal est un médecin respecté aussi.
11. Cette femme est aviatrice aussi.
12. Mireille est une nageuse formidable aussi.
13. Caroline est notre championne aussi.
14. Je connais Mme Mercier, la commerçante, aussi.

**F.** *Masculin ou féminin?*

1. une
2. un
3. une
4. Une
5. Le
6. Quelle
7. le
8. une
9. la
10. le
11. une
12. mon
13. la
14. la
15. le
16. une
17. Un
18. le

**G.** *Identifications.*

1. C'est
2. Elle est
3. Ils sont
4. Ce sont
5. C'est
6. C'est
7. C'est
8. Elle est
9. Il est
10. Ils sont

**H.** *Il ne reste rien à la charcuterie.*

1. —Vous avez du jambon?
   —Non, monsieur. Il n'y a plus de jambon.
2. —Vous avez de la salade niçoise?
   —Non, monsieur. Il n'y a plus de salade niçoise.
3. —Vous avez du fromage?
   —Non, monsieur. Il n'y a plus de fromage.
4. —Vous avez des carottes râpées?
   —Non, monsieur. Il n'y a plus de carottes râpées.
5. —Vous avez du saucisson?
   —Non, monsieur. Il n'y a plus de saucisson.
6. —Vous avez du saumon fumé?
   —Non, monsieur. Il n'y a plus de saumon fumé.
7. —Vous avez des quiches?
   —Non, monsieur. Il n'y a plus de quiches.
8. —Vous avez des sandwichs?
   —Non, monsieur. Il n'y a plus de sandwichs.

**I.** *On a fait les courses à moitié.*

1. Suzanne a cherché de la farine, mais elle n'a pas cherché d'œufs.
2. Moi, j'ai rapporté du pain, mais je n'ai pas rapporté de beurre.
3. Laurent a trouvé des champignons, mais il n'a pas trouvé de salade.
4. Élisabeth a pris des pommes, mais elle n'a pas pris d'oranges.
5. Toi et moi, nous avons acheté des petits pois, mais nous n'avons pas acheté de haricots verts.
6. Vous avez rapporté du fromage, mais vous n'avez pas rapporté de yaourt.
7. Toi, tu as cherché de la viande, mais tu n'as pas cherché de poulet.
8. Les garçons ont pris du lait, mais ils n'ont pas pris de Coca.

**J.** *C'est quoi, ça?*

1. —C'est du bœuf, ça?
   —Non, ce n'est pas du bœuf. C'est du porc.
2. —C'est du poulet ça?
   —Non, ce n'est pas du poulet. C'est du dindon.
3. —Ce sont des haricots verts, ça?
   —Non, ce ne sont pas des haricots verts. Ce sont des endives.
4. —C'est du riz, ça?
   —Non, ce n'est pas du riz. C'est du couscous.
5. —C'est du vin, ça?
   —Non, ce n'est pas du vin. C'est du champagne.
6. —C'est du thon, ça?
   —Non, ce n'est pas du thon. C'est du saumon.
7. —C'est de la bouillabaisse, ça?
   —Non, ce n'est pas de la bouillabaisse. C'est de la soupe à l'oignon.

8. —C'est de la crème caramel, ça?
—Non, ce n'est pas de la crème caramel. C'est de la glace.

**K.** *À compléter.*

1. du
2. de
3. des
4. de
5. des
6. des
7. du
8. de
9. de
10. de
11. des
12. de
13. d'
14. des

**L.** *Comment est-ce que ça se dit?*

1. —Nous avons besoin de café.
   —J'ai acheté du café.
   —Combien de café as-tu acheté?
   —Assez de café. Et j'ai acheté trois cents grammes de thé aussi.
2. —La plupart des livres que j'ai lus étaient intéressants.
   —Trop des livres que j'ai lus étaient ennuyeux.

**M.** *Qu'est-ce qui manque?*

1. le / les
2. de
3. de / le
4. une / un
5. de
6. un
7. la
8. X
9. les / X
10. le
11. des / les
12. de (des *also possible*)
13. de / du
14. L' / les
15. d' / de l'
16. L'
17. des
18. Les / les

**N.** *Comment?*

1. Il a parlé avec intelligence.
2. Elle a agi avec courage.
3. Nous nous sommes mis en route sans peur.
4. Il a répondu avec haine.
5. Il a joué sans joie.
6. Il a rédigé sa composition sans soin.
7. Elle lui a parlé avec tendresse.
8. Il a écouté avec attention.

# CHAPTER 14
*Stressed pronouns; subject-verb agreement*

**A.** *Vacances.*

1. Nous, nous partons en Italie. Elles, elles partent en Grèce.
2. Moi, je prends le train. Eux, ils partent en voiture.
3. Toi, tu fais de l'alpinisme. Lui, il fait de la natation.
4. Mes cousins vont à la campagne. Nous, on va leur rendre visite.
5. Moi, j'ai trois semaines de vacances. Vous, vous avez un mois.
6. Moi, je préfère voyager seul. Toi, tu préfères voyager en groupe.
7. Nous, on compte faire du cyclisme. Lui, il veut faire du tourisme.
8. Elle, elle fait un stage linguistique en Allemagne. Toi, tu te détends.

**B.** *Tu as tort!*

1. Tu as tort! Je ne sors pas avec Émilie, moi.
2. Tu as tort! Je ne me lève pas à 8 heures, moi.
3. Tu as tort! Je ne dors pas en classe, moi.
4. Tu as tort! Je ne joue pas de la clarinette, moi.
5. Tu as tort! Je ne cherche pas de travail, moi.
6. Tu as tort! Je ne vais pas chez Olivier après les cours, moi.

**C.** *Mon ami Philippe? Jamais!*

1. Qu'est-ce que tu dis? Il n'a jamais dormi en classe, lui.
2. Qu'est-ce que tu dis? Il n'a jamais été en retard, lui.
3. Qu'est-ce que tu dis? Il n'a jamais interrompu le professeur, lui.
4. Qu'est-ce que tu dis? Il ne s'est jamais disputé avec Serge, lui.
5. Qu'est-ce que tu dis? Il ne s'est jamais moqué des cours, lui.
6. Qu'est-ce que tu dis? Il n'a jamais dérangé les autres étudiants, lui.

**D.** *Réponses mystérieuses.*

1. Non, il n'est pas pour toi.
2. Non, je ne compte pas dîner avec eux.
3. Non, je n'ai pas l'intention de passer chez elle.
4. Non, tu ne peux pas compter sur moi.
5. Non, elle n'a pas été invitée par lui.
6. Non, il n'est pas fâché contre nous.
7. Non, je ne m'assieds pas derrière elle.
8. Non, je n'ai pas d'attitude hostile envers eux.

### E. Qui est-ce?

1. —C'est toi dans la photo?
   —Non, ce n'est pas moi. C'est ma sœur Barbara.
2. —C'est moi le suivant?
   —Non, ce n'est pas toi (vous). C'est lui.
3. —C'est M. Charpentier assis sur le banc?
   —Non, ce n'est pas lui. C'est notre voisin M. Beauchamp.
4. —C'est Adèle Malmaison dans la boutique?
   —Non, ce n'est pas elle. C'est Mlle Lachaux.
5. —Ce sont nos amis là, à l'entrée du lycée?
   —Non, ce n'est pas (ce ne sont pas) eux. Ce sont d'autres étudiants.
6. —Ce sont Gisèle et Marie-Claire à l'arrêt d'autobus?
   —Non, ce n'est pas (ce ne sont pas) elles. Ce sont Christine et Yvette.

### F. Il n'y a pas d'autres.

1. Oui. Je n'aime que toi.
2. Oui. On ne respecte que lui.
3. Oui. Ils n'admirent que lui.
4. Oui. Ils n'estiment qu'elle.
5. Oui. Nous n'aidons que vous.
6. Oui. Il n'apprécie qu'eux.
7. Oui. Ils n'encouragent qu'elles.
8. Oui. Il n'amène qu'elle.

### G. Joyeux anniversaire.

1. je
2. elle
3. Elle
4. moi
5. lui
6. eux
7. elle
8. moi
9. toi
10. elles
11. elles
12. nous
13. vous
14. toi
15. toi

### H. Quel verbe?

1. sont
2. l'ont
3. sont
4. fais
5. t'attendent
6. vivent
7. sont
8. viennent
9. pouvez
10. viendra

### I. En français!

1. Lui, il achète du pain. Nous, on achète du vin.
2. Nous avons vu Julien et Colette. Nous nous sommes approchés d'eux.
3. Gérard ne pense qu'à lui.
4. C'est vous qui enseignez l'histoire?
5. Nous sommes entrés après lui mais avant toi.
6. Beaucoup ont reçu nos invitations, mais seulement la moitié ont accepté.
7. Et je croyais que vous n'invitiez que moi!
8. Voilà Marc et Serge. L'un ou l'autre sait la réponse.

## CHAPTER 15
*Possessive and demonstrative adjectives and pronouns*

### A. Voilà.

1. Oui. Voilà sa voiture.
2. Oui. Voilà notre calculatrice.
3. Oui. Voilà leurs disques.
4. Oui. Voilà mes cartes.
5. Oui. Voilà tes lettres.
6. Oui. Voilà son chien.
7. Oui. Voilà leurs billets.
8. Oui. Voilà leur salle de réunion.
9. Oui. Voilà son sac à dos.
10. Oui. Voilà son ordinateur.

### B. C'est sûrement à quelqu'un d'autre.

1. Non. Ce n'est pas leur moto.
2. Non. Ce ne sont pas ses voitures de sport.
3. Non. Ce n'est pas notre caravane.
4. Non. Ce n'est pas sa mobylette.
5. Non. Ce n'est pas son autobus.
6. Non. Ce n'est pas notre camion.
7. Non. Ce n'est pas mon bateau.
8. Non. Ce n'est pas sa bicyclette.

### C. À qui?

1. Sa mère à lui ou sa mère à elle?
2. Ses enfants à lui ou ses enfants à elle?
3. Leur voiture à eux ou leur voiture à elles?
4. Son cousin à lui ou son cousin à elle?
5. Son chien à elle ou mon chien à moi?
6. Son départ à lui ou son départ à elle?

### D. Le bureau du club des étudiants en biologie.

1. Roger a donné son affiche.
2. Louise et Simone ont donné leur répondeur.
3. Charles a donné ses feutres.
4. Hélène a donné son imprimante.
5. Le professeur de biologie a donné son papier à lettres.
6. Albert et vous, vous avez donné votre calendrier.
7. Moi, j'ai donné mon annuaire.
8. Toi, tu as donné ton dictionnaire scientifique.

### E. On a tout laissé au lycée.

1. Moi, j'ai mon cahier, mais Françoise a laissé le sien au lycée.
2. Nous, nous avons nos stylos, mais nos copains ont laissé les leurs au lycée.
3. Toi, tu as ta carte, mais le professeur a laissé la sienne au lycée.
4. David a son sac à dos, mais Christine a laissé le sien au lycée.

5. Odile a ses bouquins, mais moi, j'ai laissé les miens au lycée.
6. Vous, vous avez votre dictionnaire, mais nous, nous avons laissé le nôtre au lycée.
7. Mes amis ont leurs agendas, mais vous, vous avez laissé les vôtres au lycée.
8. Les enfants ont leurs crayons, mais toi, tu as laissé les tiens au lycée.

*F. Ici et en bas.*

1. Les tiennes sont ici, les leurs sont en bas.
2. La nôtre (La mienne) est ici, la sienne est en bas.
3. Le vôtre est ici, le sien est en bas.
4. Les miennes sont ici, les siens sont en bas.
5. Les tiennes sont ici, les leurs sont en bas.
6. Le tien est ici, le sien est en bas.

*G. C'est le mien.*

1. Aux miens.
2. Dans le leur.
3. De la nôtre. (Des nôtres.)
4. À la sienne.
5. Des siennes.
6. Contre les siens.
7. Du mien.

*H. Contrastes.*

1. Pierre et moi, nous employons des calculatrices. La sienne est vieille, la mienne est neuve.
2. Mon professeur d'anglais est sympathique, le tien est antipathique.
3. Le sac à dos de Christine est rouge, le mien est vert.
4. Mes amis sont plus calés en maths que les tiens.
5. Vos examens sont difficiles. Les nôtres sont plus difficiles.
6. La rédaction de Solange est longue. La mienne est plus longue.
7. Ma journée est plus courte que la leur.
8. Les ordinateurs de l'école sont plus puissants que les siens.

*J. Dans le rayon d'informatique.*

1. Vous pouvez me dire le prix de cet ordinateur, s'il vous plaît?
2. Vous pouvez me dire le prix de cette unité de disque, s'il vous plaît?
3. Vous pouvez me dire le prix de ces disquettes, s'il vous plaît?
4. Vous pouvez me dire le prix de ce logiciel, s'il vous plaît?
5. Vous pouvez me dire le prix de ce lecteur de CD-ROM, s'il vous plaît?
6. Vous pouvez me dire le prix de ce disque dur, s'il vous plaît?
7. Vous pouvez me dire le prix de ce clavier, s'il vous plaît?
8. Vous pouvez me dire le prix de cette souris, s'il vous plaît?

*K. Préférences.*

1. Oui, mais ils préfèrent ces livres-là.
2. Oui, mais je préfère cet anorak-là.
3. Oui, mais elle préfère ce chapeau-là.
4. Oui, mais nous préférons ces bijoux-là.
5. Oui, mais ils préfèrent cet appartement-là.
6. Oui, mais je préfère ces quartiers-là.
7. Oui, mais je préfère cet immeuble-là.

*L. Choisissez!*

1. Ce pantalon-ci ou ce pantalon-là?
2. Cet imperméable-ci ou cet imperméable-là?
3. Ces chaussettes-ci ou ces chaussettes-là?
4. Cette robe bleue-ci ou cette robe bleue-là?
5. Cet anorak-ci ou cet anorak-là?
6. Ce tee-shirt-ci ou ce tee-shirt-là?
7. Ces sandales-ci ou ces sandales-là?
8. Cette veste jaune-ci ou cette veste jaune-là?

*M. Un client difficile.*

1. Non, pas celle-là.
2. Non, pas celui-là.
3. Non, pas celui-là.
4. Non, pas ceux-là.
5. Non, pas celle-là.
6. Non, pas celle-là.
7. Non, pas celles-là.
8. Non, pas celui-là.

*N. Les affaires qui traînent.*

1. —Qui a oublié ce Walkman? Gisèle?
   —Non, je crois que c'est celui de Josette.
2. —Qui a oublié ce stylo? Colin?
   —Non, je crois que c'est celui de Luc.
3. —Qui a oublié ces chaussures? Fabien?
   —Non, je crois que ce sont celles de Martin.
4. —Qui a oublié ces gants? Julie?
   —Non, je crois que ce sont ceux d'Hélène.
5. —Qui a oublié ces cahiers? Eugénie et Colette?
   —Non, je crois que ce sont ceux d'Élisabeth et Monique.
6. —Qui a oublié cette calculatrice? Gérard?
   —Non, je crois que c'est celle de Paul.
7. —Qui a oublié ces lunettes? Loïc?
   —Non, je crois que ce sont celles de Thomas.

*O. Quel bon goût.*

1. Pas tellement. Mais j'aime ceux que tu prépares.
2. Pas tellement. Mais j'aime celle que tu joues.
3. Pas tellement. Mais j'aime celle que tu conduis.
4. Pas tellement. Mais j'aime celle que tu sers.
5. Pas tellement. Mais j'aime celles que tu portes.
6. Pas tellement. Mais j'aime ceux que tu fais.
7. Pas tellement. Mais j'aime celles que tu achètes.

*P. En français!*

1. Cet exercice n'est pas bien fait. Ceci (Cela) (C') est inacceptable.
2. Ce livre est plus difficile que celui-là.
3. Ils arrivent toujours en retard. Je n'aime pas cela (ça).
4. Le port de Marseille et le port de Cherbourg sont importants. Celui-ci est moins grand que celui-là.
5. —À qui sont ces valises?
   —Celle-là est à moi.
6. Je n'ai pas dit cela (ça). Je ne pense pas comme cela (ça).

## CHAPTER 16
*Interrogative adjectives and pronouns*

*A. Pour préciser.*

1. Quel vélo?
2. Quels disques compacts?
3. Avec quelle raquette?
4. Quelle voiture?
5. Quelle carte?
6. Sur quelle moto?
7. Quelle chambre?
8. Quelles jumelles?
9. De quelle caméra?
10. De quel appareil photo?

*B. Des précisions.*

1. Quels billets a-t-elle pris?
2. Dans quel restaurant sont-ils entrés?
3. De quelle revue a-t-elle besoin?
4. Avec quel professeur ont-ils parlé?
5. Quel exercice (difficile) a-t-elle fait?
6. Dans quelle classe a-t-il reçu une mauvaise note?
7. Quels médicaments ont-ils achetés?
8. Quelles émissions ont-ils regardées?

*C. Exclamations.*

1. a. Quelle tragédie!
2. b. Quelle chance!
3. a. Quel malheur!
4. a. Quelle bêtise!
5. b. Quelle catastrophe!
6. a. Quelle générosité!
7. a. Quelle paresse!

*D. Une touriste pleine d'admiration.*

1. —Voilà les rues piétonnes.
   —Quelles rues! Elles sont très animées.
2. —Voilà les cafés.
   —Quels cafés! Ils sont charmants.
3. —Voilà le stade.
   —Quel stade! Il est énorme.
4. —Voilà le jardin public.
   —Quel jardin public! Il est beau.
5. —Voilà la cathédrale.
   —Quelle cathédrale! Elle est magnifique.
6. —Voilà les librairies.
   —Quelles librairies! Elles sont intéressantes.
7. —Voilà le musée.
   —Quel musée! Il est très connu.
8. —Voilà les grands magasins.
   —Quels grands magasins! Ils sont élégants.

*E. Ça m'intéresse.*

1. Lequel? Celui-là?
2. Lesquelles? Celles-là?
3. Lequel? Celui-là?
4. Lesquelles? Celles-là?
5. Laquelle? Celle-là?
6. Lesquels? Ceux-là?
7. Lequel? Celui-là?

*F. Exactement.*

1. Lequel veux-tu (voulez-vous) exactement?
2. Lesquelles met-elle exactement?
3. Lesquels lavez-vous exactement?
4. Desquelles as-tu besoin exactement?
5. Lesquels cherche-t-elle exactement?
6. Auxquels pensent-ils exactement?
7. Lequel prends-tu (prenez-vous) exactement?

*G. En colonie de vacances.*

1. Laquelle? Ah, non. Celle-là n'est pas la mienne.
2. Lesquels? Ah, non. Ceux-là ne sont pas les miens.
3. Lequel? Ah, non. Celui-là n'est pas le sien.
4. Lesquels? Ah, non. Ceux-là ne sont pas les nôtres.
5. Lesquelles? Ah, non. Celles-là ne sont pas les leurs.
6. Laquelle? Ah, non. Celle-là n'est pas la mienne.
7. Lesquelles? Ah, non. Celles-là ne sont pas les nôtres.
8. Lesquelles? Ah, non. Celles-là ne sont pas les miennes.
9. Lequel? Ah, non. Celui-là n'est pas le mien.
10. Laquelle? Ah, non. Celle-là n'est pas la sienne.

# CHAPTER 17
*Adjectives; comparative and superlative*

**A.** *Tous les deux.*

1. Elle est fraîche aussi.
2. Elle est amère aussi.
3. Elle est très sotte aussi.
4. Elle est complète aussi.
5. Elle est ancienne aussi.
6. Elle est brune aussi.
7. Elle est merveilleuse aussi.
8. Elle est très discrète aussi.
9. Elle est rousse aussi.
10. Elle est sensationnelle aussi.
11. Elle est sportive aussi.
12. Elle est mignonne aussi.

**B.** *Substitution.*

1. l'administration actuelle
2. un récit drôle
3. une écharpe chic
4. un résultat logique
5. la langue grecque
6. l'opinion publique
7. une mère nerveuse
8. un paquet léger
9. un film favori
10. une viande exquise
11. une tranquillité trompeuse
12. une nourriture délicate

**C.** *Pas un mais deux.*

1. Je vais passer deux examens oraux.
2. J'ai vu deux films affreux.
3. Il y a deux gros immeubles dans cette rue.
4. J'ai deux examens finals aujourd'hui.
5. Il a deux cousins roux.
6. Il a écrit deux livres banals.
7. Il étudie deux cas spéciaux.
8. Ils ont fait deux voyages dangereux.
9. J'ai appris deux mots nouveaux.
10. Il y a deux œufs frais dans le frigo.
11. Nous allons visiter deux monuments nationaux.
12. J'ai acheté deux produits locaux.

**D.** *On court les magasins.*

1. Voici les parfums français.
2. Voici les légumes frais.
3. Voici les journaux espagnols.
4. Voici les fromages crémeux.
5. Voici les fromages gras.
6. Voici les pantalons gris.
7. Voici les foulards bleus.
8. Voici les romans québécois.

**E.** *La vie intellectuelle.*

1. a. les élections actuelles
   b. l'économie actuelle
   c. les conflits actuels
2. a. des efforts internationaux
   b. des organisations internationales
   c. une entreprise internationale
3. a. la poésie grecque
   b. les régions grecques
   c. les dialectes (*masc.*) grecs
4. a. la musique classique
   b. les philosophes classiques
   c. les chansons classiques
5. a. une croyance religieuse
   b. des sentiments religieux
   c. des conceptions religieuses
6. a. l'union européenne
   b. les pays européens
   c. les langues européennes
7. a. des exemples concrets
   b. une application concrète
   c. des actions concrètes
8. a. des influences étrangères
   b. la littérature étrangère
   c. les ambassadeurs étrangers
9. a. des personnages fictifs
   b. une situation fictive
   c. des histoires fictives
10. a. l'école navale
    b. des combats navals
    c. les bases navales

**F.** *Identifiez.*

1. mon ancien professeur
2. le mois dernier
3. une famille pauvre
4. la seule étudiante
5. une vraie amie
6. un appartement sale
7. une histoire vraie
8. ma propre bicyclette

**G.** *Décrivons!*

1. une belle terrasse
2. de vieilles églises
3. un vieil objet
4. un nouvel ordinateur
5. une nouvelle industrie
6. de vieux instruments
7. de belles îles
8. un bel accent
9. de nouvelles usines
10. de beaux animaux
11. une vieille assiette
12. de nouveaux avions

**H.** *À l'école avec Odile.*

1. Nous assistons aux conférences dans une grande salle ancienne.
2. Pour la classe d'anglais nous préparons de petits exposés intéressants.
3. Dans la classe de maths nous subissons de longues épreuves difficiles.

4. Derrière le lycée il y a un petit et joli jardin.
5. J'y vais souvent avec mon ami Philippe. C'est un beau et gentil garçon.
6. Nous parlons des nouveaux poèmes français qu'il faut préparer.
7. Il y a plusieurs professeurs excellents au lycée.
8. Ils font des cours passionnants et utiles.

**I.** *Et maintenant il s'agit de vous.*

*Answers will vary.*

**J.** *Notre ville.*

1. Le stade est plus grand que la salle de concert.
2. Les cinémas sont plus nombreux que les théâtres.
3. La faculté de médecine est aussi importante que la faculté de droit.
4. Le jardin zoologique reçoit autant de visiteurs que la bibliothèque municipale.
5. Le musée scientifique est moins grand que le musée d'art.
6. Les restaurants ici sont aussi chers que les restaurants parisiens.
7. Les rues de la vieille ville sont plus étroites que les rues des quartiers modernes.
8. Le quartier des affaires est moins animé que le quartier des étudiants.
9. La piscine municipale est meilleure que la plage au bord du fleuve.
10. La maison de la culture offre autant d'activités que le centre communautaire.

**K.** *Un moment difficile au lycée.*

1. Frédéric suit plus de cours que Marc.
2. Sylvie écrit plus de thèmes que Robert.
3. Monique écrit moins d'examens qu'Odile.
4. Maurice résout autant de problèmes de maths que Philippe.
5. Marie-Laure étudie autant de langues étrangères qu'Alfred.
6. Claudine apprend moins de poèmes que Chantal.
7. Hervé analyse plus d'œuvres que Charles.
8. Julie fait autant d'expériences de chimie que Serge.

**L.** *Les impressions.*

1. Ce n'est pas vrai. Il dort moins que moi.
2. Ce n'est pas vrai. Elle étudie plus qu'Éliane.
3. Ce n'est pas vrai. Il parle moins que le professeur de Justine.
4. Ce n'est pas vrai. Il mange autant que les autres chiens.
5. Ce n'est pas vrai. Je lis plus que toi.
6. Ce n'est pas vrai. Il comprend autant que les autres étudiants.

**M.** *Les professeurs parlent de leurs étudiants.*

1. Monique répond moins intelligemment que Christine.
2. Édouard rédige plus soigneusement que Louis.
3. Nicole travaille aussi rapidement que Lucien.
4. Anne-Marie écoute aussi attentivement que Guillaume.
5. Gérard oublie moins souvent que Paulette.
6. François se comporte mieux que Georges.

**N.** *Et vous?*

*Possible answers:*

1. Nos manuels sont plus/moins/aussi intéressants que ceux de l'année dernière.
2. Mes camarades de classe sont plus/moins/aussi sympathiques que ceux de l'année dernière.
3. Les professeurs sont plus/moins/aussi exigeants que ceux de l'année dernière.
4. Les devoirs sont plus/moins/aussi faciles que ceux de l'année dernière.
5. La nourriture qu'on sert à la cantine est meilleure/pire/aussi bonne que celle de l'année dernière.
6. Mon horaire est plus/moins/aussi commode que celui de l'année dernière.
7. La classe de français est plus/moins/aussi passionnante que celle de l'année dernière.
8. Les bals qu'on organise sont plus/moins/aussi amusants que ceux de l'année dernière.

**O.** *Comparez.*

*Answers will vary.*

**P.** *Ces vacances—meilleures ou pires?*

1. Le voyage en train était plus long que celui de l'année dernière.
2. L'hôtel en Auvergne était plus luxueux que celui où on est descendu en Bretagne.
3. Le paysage auvergnat était plus montagneux que celui de Bretagne.
4. Le poisson en Bretagne était meilleur que celui qu'on a servi en Auvergne.
5. Les grandes randonnées qu'on a faites en Auvergne étaient plus intéressantes que celles qu'on a faites en Bretagne.
6. Les restaurants en Auvergne étaient moins chers que ceux de Bretagne.
7. Les nuits en Auvergne étaient plus fraîches que celles de Bretagne.

**Q.** *Notre classe.*

1. Marylène est la plus diligente.
2. Jacques et Pierre sont les moins obéissants.
3. Solange est la plus sympathique.
4. Irène et Marie sont les moins travailleuses.

5. Olivier est le plus intelligent.
6. Anne-Marie est la plus bavarde.
7. Jean-Paul est le plus charmant.
8. Colette et Brigitte sont les moins préparées.

*R. Visite de la ville.*

1. Voilà la place la plus imposante de la ville.
2. Ici vous voyez la cathédrale la plus ancienne de la région.
3. En face il y a l'université la plus connue du pays.
4. C'est la rue la plus longue de la ville.
5. Dans cette rue il y a les plus beaux magasins de la région.
6. Voilà la charcuterie la plus appréciée du quartier.
7. Devant nous il y a l'hôtel le plus international du pays.
8. Dans cette rue se trouvent les cafés les plus fréquentés de la ville.
9. Ici vous voyez la plus vieille maison de la ville.
10. Voilà le plus grand stade de la région.

*S. La classe de littérature.*

1. C'est le poème le plus connu de la littérature européenne.
2. C'est la pièce de théâtre la plus représentée de l'année.
3. C'est la comédie la plus applaudie du théâtre national.
4. C'est le roman le plus vendu de la littérature moderne.
5. C'est la tragédie la plus estimée de notre théâtre.
6. C'est le poète le plus merveilleux de son siècle.
7. C'est le romancier le plus lu du monde.
8. C'est le dramaturge le plus apprécié de notre époque.

*T. Les meilleurs et les pires.*

1. C'est Lucie qui parle le plus poliment.
2. C'est Olivier qui travaille le moins efficacement.
3. C'est Albert qui étudie le moins sérieusement.
4. C'est Suzanne qui chante le mieux.
5. C'est Hélène qui arrive en retard le plus souvent.
6. C'est Roger qui répond le plus calmement.

*U. Vos opinions.*

Answers will vary.

*W. Le téléphone mobile.*

Answers will vary.
1. Le puce est un insecte, donc très petit.
2. Ce téléphone est aussi petit que performant.
3. Il mesure quinze centimètres (de long) et pèse 199 grammes.
4. Dans toutes les poches.
5. C'est le plus mobile des téléphones GSM.

# CHAPTER 18
*Object pronouns*

*A. Au magasin de vêtements.*

1. Elle les regarde.
2. Elle l'essaie.
3. Elle ne la prend pas.
4. Elle l'achète.
5. Elle les cherche.
6. Elle le prend.
7. Elle les regarde.
8. Elle les essaie.
9. Elle ne les achète pas.
10. Elle le paie.

*B. Emménagement.*

1. Vous pouvez le mettre dans le salon.
2. Vous pouvez le monter à la chambre de mon fils.
3. Vous pouvez la descendre au sous-sol.
4. Vous pouvez la laisser dans le salon.
5. Vous pouvez la placer dans la salle à manger.
6. Vous pouvez les mettre dans la penderie.
7. Vous pouvez le monter à la chambre de ma fille.
8. Vous pouvez les laisser dans le salon.

*C. Pas possible!*

1. Non, je ne peux pas te déposer en ville.
2. Non, je ne peux pas t'emmener à la poste.
3. Non, je ne peux pas te raccompagner.
4. Non, je ne peux pas t'attendre.
5. Non, je ne peux pas vous rejoindre.
6. Non, je ne peux pas vous appeler.
7. Non, je ne peux pas vous inviter.
8. Non, je ne peux pas vous présenter.

*D. On s'organise.*

1. Sabine va la balayer.
2. Marc et David vont les laver.
3. Élisabeth et Stéphanie vont les nettoyer.
4. Moi, je vais les faire.
5. Édouard va les sortir.
6. Barbara va le passer.
7. Charles et Michèle vont les épousseter.
8. Odile et François vont les faire.
9. Louis et Denise vont les récurer.
10. Toi, tu vas les laver!

*E. Tout est déjà fait.*

1. Je l'ai déjà écrite.
2. Ils l'ont déjà rédigé.
3. Nous les avons déjà faits.
4. Elle les a déjà appris.
5. Je l'ai déjà étudiée.
6. Elle l'a déjà faite.
7. Il les a déjà révisées.
8. Ils les ont déjà regardées.
9. Je les ai déjà écoutées.
10. Je les ai déjà relues.

***F.*** *Oui et non.*

1. Nous ne leur donnons pas d'argent.
2. Elle ne me montre pas ses lettres.
3. Je ne leur ai pas écrit de lettre.
4. Ils ne leur vendent pas leur voiture.
5. Je ne vais pas lui offrir un collier.
6. Vous ne lui envoyez pas d'affiches.
7. Il ne m'apporte pas mes pantoufles.
8. Il ne lui a pas dit son numéro de téléphone.
9. Il ne leur a pas expliqué la méthode.
10. Je ne vais pas lui demander d'argent pour l'essence.

***G.*** *Ce qu'il faut faire.*

1. Il faut lui écrire une lettre.
2. Il faut leur payer la dernière cargaison de marchandises.
3. Il faut leur envoyer la note encore une fois.
4. Il faut lui prêter trois cent mille francs.
5. Il faut leur louer trois voitures et un camion.
6. Il faut lui emprunter un million de francs.
7. Il faut lui montrer les nouvelles annonces.
8. Il faut leur présenter la nouvelle gamme de produits.

***H.*** *Conseils et recommandations.*

1. Son père lui a prêté la voiture.
2. Nous lui avons offert une montre pour son anniversaire.
3. Moi, je lui ai expliqué les idées du livre.
4. Nous leur avons demandé de jouer avec nous.
5. Vous lui avez apporté des revues et des journaux.
6. Nous leur avons rendu les livres que nous leur avions empruntés.
7. Nous lui avons montré nos notes.
8. Moi, je leur ai envoyé une lettre.
9. Nous lui avons répondu.
10. Nous leur avons téléphoné.

***I.*** *Jamais de la vie!*

1. Non, elle n'y travaille jamais.
2. Non, ils n'y étudient jamais.
3. Non, il n'y attend jamais.
4. Non, ils n'y passent jamais leurs vacances.
5. Non, je n'y achète (Non, nous n'y achetons) jamais à manger.
6. Non, ils n'y jouent jamais.
7. Non, ils ne s'y réunissent jamais.
8. Non, je n'y laisse jamais mes livres.
9. Non, je n'y mange jamais.
10. Non, ils n'y viennent jamais.

***J.*** *Conseillez et rassurez.*

1. Il faut y penser.
2. Il faut y réfléchir.
3. Il faut y prendre garde.
4. Il faut y renoncer.
5. Il faut s'y intéresser.
6. Il faut y rêver.
7. Il faut y croire.
8. Il faut y aller.

***K.*** *Votre ville.*

1. Oui, elle s'en vante. *or* Non, elle ne s'en vante pas.
2. Oui, ils en regorgent. *or* Non, ils n'en regorgent pas.
3. Oui, elles en sont pleines. *or* Non, elles n'en sont pas pleines.
4. Oui, il faut s'en soucier. *or* Non, il ne faut pas s'en soucier.
5. Oui, je m'en méfie. *or* Non, je ne m'en méfie pas.
6. Oui, ils en sont bordés. *or* Non, ils n'en sont pas bordés.
7. Oui, elles en sont encombrées. *or* Non, elles n'en sont pas encombrées.
8. Oui, elle en manque. *or* Non, elle n'en manque pas.

***L.*** *Rectification.*

1. Non, il y en a trente-deux.
2. Non, il en gagne deux mille cent.
3. Non, j'en ai deux cent cinquante.
4. Non, nous en avons parcouru trois cents.
5. Non, j'en ai eu quatre-vingt-dix.
6. Non, elle en a cinq.
7. Non, nous allons en acheter quinze.
8. Non, j'en veux deux douzaines.

***M.*** *C'est déjà fait.*

1. Elles en ont déjà suivi.
2. Il s'en est déjà plaint.
3. Il en a déjà été accablé.
4. Il s'en est déjà chargé.
5. Elle en a déjà joué.
6. Il s'en est déjà mêlé.
7. Il en a déjà fait.
8. Elle en a déjà demandé.
9. Il en est déjà revenu.
10. Il en a déjà donné.

***N.*** *Ce qu'il faut faire.*

1. Nous devons lui en écrire.
2. Je vais les lui prêter.
3. Nous devons le lui rendre.
4. Tu peux l'y retrouver.
5. J'ai l'intention de les leur montrer.
6. Il faut leur en donner.
7. Je vais te les (vous les) expliquer.
8. Marguerite peut vous en rapporter.
9. Vous pouvez les y amener.
10. Nous devons nous y habituer.

*O. Mais si!*

1. Mais si! Il leur en a servi.
2. Mais si! Je lui en ai donné.
3. Mais si! Ils s'y sont opposés.
4. Mais si! Ils s'en sont servis.
5. Mais si! Nous nous en sommes rendu compte.
6. Mais si! Il nous les a rendues.
7. Mais si! Elle leur en a lu.
8. Mais si! Ils le leur ont enseigné.
9. Mais si! Il leur en a proposé.
10. Mais si! Je t'en ai envoyé.

*P. Proposons des solutions.*

1. Si on les leur prêtait?
2. Si on l'y retrouvait?
3. Si on les y amenait?
4. Si on lui en apportait une demi-douzaine?
5. Si on allait l'y attendre?
6. Si on s'en éloignait?
7. Si on s'en servait pour la rédiger?
8. Si on le leur donnait?
9. Si on les lui demandait?
10. Si on la leur vendait?

*Q. Oui, bien sûr.*

1. Oui, je me fie à eux.
2. Oui, elle s'y intéresse.
3. Oui, il s'intéresse à elle.
4. Oui, il en a honte.
5. Oui, il a honte de lui.
6. Oui, je m'en souviens.
7. Oui, je me souviens d'eux.
8. Oui, il en doute.
9. Oui, il se doute de lui.
10. Oui, j'en ai peur. *or* Oui, nous en avons peur.

*R. On donne des ordres.*

1. Va t'en.
2. Dépose-moi là(-bas).
3. Donne-m'en.
4. Opposez-vous-y.
5. Éloigne-toi d'eux.
6. Habille-toi là(-bas).
7. Arrêtez-vous-y.
8. Charge-t'en.
9. Rendez-la-moi.

*S. En français.*

1. Je lui ai demandé son livre de littérature, mais il ne me l'a pas donné.
2. Il n'a plus sa voiture parce que quelqu'un la lui a volée.
3. Ces gens s'intéressent à votre maison. Vendez-la-leur.
4. Nous avons posé des questions sur la leçon au professeur, mais il n'y a pas répondu.
5. J'ai cherché des journaux français et j'en ai trouvé deux. Je te les montrerai.
6. Elle est au troisième étage. Montes-y et tu la verras.
7. Les enfants jouaient sur le toit, mais ils en sont descendus.
8. Tu as fait de la soupe. Apporte-m'en et je l'essaierai.

*U. La grammaire en action.*

*Answers will vary.*

1. Elle dit: *Nous pourrions vous demander une confiance aveugle. Mais nous préférons vous ouvrir les yeux.*
2. UPS a un bon réseau, de bonnes équipes de livraison et une bonne logistique mondiale.
3. UPS rembourse le client.
4. Le client peut garantir l'arrivée d'un colis ou d'un document à son propre client s'il confie ses livraisons à UPS.
5. Le client même. UPS est aussi sûr que si le client s'en chargeait lui-même.

# CHAPTER 19
*Numbers; time; dates*

*A. Dix de plus.*

1. Non. Nous avons besoin de soixante et onze livres.
2. Non. Ça coûte soixante-dix-neuf dollars.
3. Non. Elle est à cinquante-huit kilomètres d'ici.
4. Non. Il a soixante-six ans.
5. Non. Ils ont passé quatre-vingt-trois jours en Suisse.
6. Non. J'ai reçu un chèque pour quatre-vingt-dix francs.
7. Non. Tu dois téléphoner à quatre-vingt-onze personnes.
8. Non. Ils arrivent le vingt-six avril.

*B. Corrections.*

1. Non. Son numéro de téléphone est le zéro-trois, quatre-vingt-sept, trente-quatre, quarante-quatre, cinquante-sept.
2. Non. Il a payé quatre-vingt-dix-neuf francs.
3. Non. Elle a soixante-seize ans.
4. Non. Ils ont invité quatre-vingt-deux personnes.
5. Non. Il y a quatre-vingt-quinze appartements.
6. Non. Nous avons fait soixante-quatorze kilomètres.
7. Non. La charcuterie a coûté quatre-vingts francs.
8. Non. Des représentants de quatre-vingt-dix-huit pays sont venus au congrès international.

*C. Autour du monde.*

1. L'Espagne a quarante millions d'habitants.
2. Le Danemark a cinq millions deux cent mille habitants.

3. Le Japon a cent vingt-quatre millions huit cent mille habitants.
4. La Chine a un milliard deux cent millions d'habitants.
5. L'Argentine a trente-trois millions cinq cent mille habitants.
6. La Suisse a sept millions d'habitants.
7. Le Nigeria a quatre-vingt-quinze millions cent mille habitants.
8. Le Viêt-nam a soixante et onze millions huit cent mille habitants.

**D.** *La population urbaine française.*

1. L'agglomération urbaine de Paris a neuf millions trois cent dix-huit mille huit cent vingt et un habitants dont deux millions cent cinquante-deux mille quatre cent vingt-trois habitent dans la ville même.
2. L'agglomération urbaine de Lyon a un million deux cent soixante-deux mille deux cent vingt-trois habitants dont quatre cent quinze mille quatre cent quatre-vingt-sept habitent dans la ville même.
3. L'agglomération urbaine de Marseille a un million deux cent trente mille neuf cent trente-six habitants dont huit cent mille cinq cent cinquante habitent dans la ville même.
4. L'agglomération urbaine de Lille a neuf cent cinquante-neuf mille deux cent trente-quatre habitants dont cent soixante-douze mille cent quarante-deux habitent dans la ville même.
5. L'agglomération urbaine de Bordeaux a six cent quatre-vingt-seize mille trois cent soixante-quatre habitants dont deux cent dix mille trois cent trente-six habitent dans la ville même.
6. L'agglomération urbaine de Toulouse a six cent cinquante mille trois cent trente-six habitants dont trois cent cinquante-huit mille six cent quatre-vingt-huit habitent dans la ville même.
7. L'agglomération urbaine de Nice a cinq cent seize mille sept cent quarante habitants dont trois cent quarante-deux mille quatre cent trente-neuf habitent dans la ville même.
8. L'agglomération urbaine de Nantes a quatre cent quatre-vingt-seize mille soixante-dix-huit habitants dont deux cent quarante-quatre mille neuf cent quatre-vingt-quinze habitent dans la ville même.

**E.** *Maintenant c'est à vous de faire des recherches démographiques.*

Answers will vary.

**F.** *Mon Dieu, que c'est haut!*

1. Je travaille au soixante-treizième étage.
2. Gilles travaille au vingt et unième étage.
3. Dorothée travaille au quatre-vingt-quinzième étage.
4. Richard et Maurice travaillent au trente-neuvième étage.
5. Paulette travaille au dix-huitième étage.
6. Suzanne et Émilie travaillent au quatre-vingt-quatrième étage.
7. Marc travaille au quarante-cinquième étage.
8. Josette travaille au soixante-dix-neuvième étage.

**G.** *En français!*

1. le quarante-cinquième jour
2. le tiers des enfants
3. la cinquante-neuvième leçon
4. la centième lettre
5. les trois huitièmes des étudiants
6. une trentaine de livres
7. le trois millième numéro
8. Louis neuf

**H.** *La famille Raynaud revient des vacances.*

1. Il est sept heures. Mme Raynaud met les dernières choses dans les valises.
2. Il est sept heures et demie. Les Raynaud prennent le petit déjeuner à l'hôtel.
3. Il est huit heures vingt. Le chasseur descend leurs bagages.
4. Il est huit heures trente-cinq. M. Raynaud appelle un taxi.
5. Il est neuf heures cinq. Les Raynaud arrivent à la gare.
6. Il est neuf heures et quart. Le petit Charles tombe et se fait mal au genou.
7. Il est neuf heures et demie. Le pharmacien de la gare met un pansement sur le genou de Charles.
8. Il est dix heures moins le quart. Les Raynaud prennent leurs places dans le train pour Paris.
9. Il est dix heures moins cinq. Le train part.
10. Il est trois heures vingt. Ils arrivent à Paris.

**I.** *La journée de M. Cavalli, épicier.*

1. Je suis arrivé à la boutique à six heures et quart.
2. La livraison du lait et des œufs est venue à six heures trente-cinq.
3. Mes commis sont arrivés à sept heures moins dix.
4. Nous avons ouvert l'épicerie à sept heures pile.
5. La première cliente a franchi le seuil à sept heures dix.
6. Ma sœur est passée me voir à onze heures moins le quart.
7. Nous avons fermé pour le déjeuner à deux heures moins vingt.
8. J'ai rouvert ma boutique à trois heures et demie.

*J. Des sports à la télé.*

*Answers will vary.*
1. Eurogolf à huit heures trente.
2. On présente Speedworld à quatorze heures trente.
3. Marc Mingola présente ses commentaires sur le ski nordique à seize heures trente.
4. Football à vingt-quatre heures trente (à zéro heures trente).
5. Elle termine à deux heures trente.
6. a. dix-sept heures trente
   b. dix-huit heures trente
   c. vingt-deux heures
   d. neuf heures trente
   e. dix-neuf heures trente

*K. À la gare de Genève.*

1. Il y a un train à seize heures cinquante et un deuxième train à dix-neuf heures dix.
2. Il y a un train pour La Plaine à quatorze heures six.
3. Le train pour Zurich part à cinq heures cinquante-huit et à dix-neuf heures vingt-cinq.
4. Il y a un train à quinze heures trente-cinq pour Milan et un train à vingt heures vingt-cinq pour Naples.
5. On peut prendre le train pour Bern à vingt et une heures cinquante-huit.
6. Il y a un train pour Lyon à dix heures vingt-deux et un train pour Nice à vingt-trois heures douze.
7. Il faut prendre le train à neuf heures cinq.
8. Il y a un train pour Dortmund à treize heures huit et un train pour Barcelone à vingt-deux heures cinquante.
9. Je prendrai le train de dix-neuf heures vingt-cinq.
10. Il y a un train pour Lausanne à dix-sept heures vingt-deux.

*L. L'année de Francine.*

1. le deux janvier
2. le vingt-quatre janvier
3. le quatorze février
4. le dix mars
5. le premier avril
6. le vingt-huit mai
7. le vingt-quatre juin
8. le quatre juillet
9. le seize juillet
10. le trente août
11. le six septembre
12. le vingt-cinq novembre

*M. Histoire de France du dixième au dix-neuvième siècle.*

1. le premier juillet neuf cent quatre-vingt-sept
2. le quinze août mil quatre-vingt-seize
3. le vingt-sept juillet douze cent quatorze
4. le trente mai quatorze cent trente et un
5. le quinze avril quinze cent quatre-vingt-dix-huit
6. le sept juin seize cent cinquante-quatre
7. le quatorze juillet dix-sept cent quatre-vingt-neuf
8. le dix-huit mai dix-huit cent quatre
9. le quatre septembre dix-huit cent soixante-dix

*N. Examen d'histoire.*

1. dix-neuf cent quatorze
2. dix-neuf cent dix-huit
3. dix-neuf cent vingt-neuf
4. dix-neuf cent trente-neuf
5. dix-neuf cent quarante
6. dix-neuf cent quarante-cinq
7. dix-neuf cent cinquante-huit
8. dix-neuf cent soixante-deux

*O. Et maintenant il s'agit de vous.*

*Answers will vary.*

*P. En français!*

1. —Quelle est la date aujourd'hui? (—Le combien sommes-nous?)
   —C'est (Nous sommes) le vingt et un mars.
2. Il viendra nous voir la semaine des quatre jeudis.
3. Je ne suis qu'un peintre du dimanche.
4. —Quel jour sommes-nous? (—C'est quel jour aujourd'hui?)
   —Nous sommes (C'est) samedi.
5. Vous êtes tous endimanchés.
6. Je vais en Italie au printemps.
7. —Quelle heure est-il?
   —Il est huit heures pile.
   —Bon. Je suis en avance.
8. —Est-ce que Jean s'est déjà levé?
   —Non, il n'est pas matinal, tu sais.
   —Je sais qu'il aime faire la grasse matinée.

# CHAPTER 20
*Adverbs*

*A. Pour décrire des actions.*

1. affreusement
2. intelligemment
3. correctement
4. possiblement
5. gentiment
6. tristement
7. massivement
8. gaiment
9. confusément
10. fréquemment
11. moralement
12. pratiquement
13. généreusement
14. actuellement
15. évidemment
16. légèrement
17. longuement
18. précisément
19. exactement
20. complètement

*B. Comment est-ce qu'ils ont parlé?*

1. Oui, il lui parle nerveusement.
2. Oui, elle lui parle confusément.

3. Oui, il lui parle honnêtement.
4. Oui, elles lui parlent tristement.
5. Oui, ils lui parlent furieusement.
6. Oui, elle lui parle patiemment.
7. Oui, ils lui parlent poliment.
8. Oui, elle lui parle discrètement.
9. Oui, ils lui parlent intensément.
10. Oui, il lui parle gentiment.

**C.** *Décrivez les actions.*

1. Oui, elle travaille diligemment.
2. Oui, il réagit violemment.
3. Oui, elle dessine bien.
4. Oui, elle sort fréquemment.
5. Oui, ils prononcent mal.
6. Oui, il l'aime aveuglément.
7. Oui, elle punit uniformément.
8. Oui, il réfléchit profondément.

**D.** *Formez vos phrases!*

1. Tu prononces mal le vocabulaire.
2. Elle nettoie soigneusement la cuisine.
3. Nous trouvons ce projet complètement ridicule.
4. Les membres de cette famille sont étroitement unis.
5. Il marche sans empressement.
6. Les enfants se sont conduits d'une façon déplaisante.
7. Marcelle travaille dur à la bibliothèque.
8. C'est une idée largement accepté.
9. Ils ont vite compris le texte.
10. Elle m'a répondu brusquement.

**E.** *Pour reconnaître les adverbes.*

1. insultingly
2. doubtlessly
3. kindly
4. indignantly
5. drily
6. extravagantly
7. decisively
8. intelligently

**F.** *L'expression adverbiale.*

1. sans effort
2. avec goût
3. sans imagination
4. avec indifférence
5. avec colère
6. avec tolérance
7. sans cérémonie
8. sans tact

**G.**

1. f
2. a
3. d
4. e
5. c
6. b

**H.** *Qu'est-ce vous faites et quand?*

*Answers will vary.*

**I.** *Antonymes.*

1. e
2. d
3. g
4. a
5. b
6. c
7. f

**J.** *Une belle maison.*

*Answers will vary.*
1. C'est une jolie maison. Il y a des arbres autour.
2. Il y a un jardin derrière.
3. Je regarde le salon en bas.
4. Je voudrais voir les chambres en haut.
5. Je cherche les propriétaires partout.
6. Je ne les vois nulle part.
7. Travaillent-ils dehors?
8. Je les entends quelque part.
9. Il y a deux voix tout près.
10. Les voilà devant.

**K.** *Du temps et du lieu.*

1. —Hier, j'ai cherché ma montre partout.
   —Je l'ai vue quelque part. Est-ce que tu l'as cherchée en haut?
2. —Il pleut ici toutes les semaines.
   —Je sais. Je voudrais vivre ailleurs.
3. —Mercredi je ne suis allé nulle part.
   —Moi non plus. Je sors rarement en semaine.
4. —Auparavant je faisais le marché tous les jours.
   —Actuellement tu fais le marché une fois par semaine, n'est-ce pas?
5. —J'irais la voir n'importe quand, n'importe où.
   —Tu ne devras pas aller loin. La voilà, là-bas.

**L.** *Mon rendez-vous.*

1. en
2. sur
3. en
4. à
5. par
6. en
7. Par
8. à
9. d'
10. à
11. par
12. en
13. en
14. à

**M.** *Les soucis d'un jeune professeur.*

1. J'ai fait un effort pour organiser la classe dès le début.
2. J'ai dit aux étudiants qu'il est défendu de venir en classe sans chaussures.
3. Je leur ai dit que je ne veux pas qu'ils laissent la salle de classe en désordre/en pagaille.
4. Ils ne doivent laisser ni leurs livres ni leurs papiers par terre.
5. Jean-Claude Mercier vient au cours un jour sur deux.

6. Noëlle Chenu se promène sans but dans les couloirs.
7. Elle travaille un peu par intervalles.
8. Elle prépare ses devoirs à la hâte.
9. Lise Monnet est sans doute la meilleure étudiante de la classe.
10. Elle travaille à merveille.
11. D'habitude/D'ordinaire, les autres étudiants l'admirent.
12. À partir de demain, nous avons une semaine de congé.
13. Je vais faire un effort pour améliorer cette classe dès notre retour.
14. Nous allons faire des excursions de temps en temps.
15. Nous irons à Chambord en groupe.
16. Les vieilles méthodes ne sont pas toujours bonnes à l'époque où nous sommes.
17. Je jugerai cette expérience sur quatre mois.

*N. La grammaire en action.*

1. à 50 m. du métro
2. à 300 m. de Paris
3. harmonieusement
4. Achetez juste et bien!
5. dès maintenant
6. lundi, jeudi, vendredi, samedi et dimanche
7. de 10h à 13h et de 14h30 à 19h

## CHAPTER 21
*Negatives and indefinites*

*A. Hubert le rêveur.*

1. Ne dis pas d'idioties! Personne ne te donnera un million de francs.
2. Ne dis pas d'idioties! Aucune fille ne te croit le plus beau garçon du lycée.
3. Ne dis pas d'idioties! Tu n'as jamais vingt à l'examen de philo.
4. Ne dis pas d'idioties! La femme du Président de la République ne t'a rien envoyé.
5. Ne dis pas d'idioties! Ton père ne va t'offrir ni une Ferrari ni une Jaguar.
6. Ne dis pas d'idioties! Il ne te reste plus rien de l'argent que tu as reçu pour ton anniversaire.
7. Ne dis pas d'idioties! Tu ne connais personne à Istamboul.
8. Ne dis pas d'idioties! Tu ne connais personne à Singapour non plus.
9. Ne dis pas d'idioties! Tu n'iras nulle part avec Solange.
10. Ne dis pas d'idioties! On ne t'offrira rien d'autre.

*B. Marceline la trouble-fête.*

1. Personne n'apportera rien à manger.
2. Nous ne boirons rien.
3. Nous n'écouterons ni des cassettes ni des disques compacts.
4. Jeanine n'a pas encore acheté de jus de fruits.
5. Olivier n'a aucune nouvelle cassette.
6. Odile n'amène jamais personne d'intéressant.
7. Ces boums ne sont jamais amusantes.
8. Après la boum, nous n'irons nous promener nulle part.

*C. Comment est-ce que cela se dit?*

1. —N'avez-vous plus de paquets?
   —Non. Je n'ai plus rien.
2. —Ce pâtissier fait les gâteaux mieux que personne.
   —Oui. C'est pour ça qu'il a plus de clients que jamais.
3. —Il n'apporte jamais rien quand on l'invite à dîner.
   —Ne l'invitez jamais plus.
4. —Est-ce que tu as déjà parlé avec Alfred?
   —Non. Il ne comprend ni l'anglais ni le français. Je préfère ne pas lui parler.

*D. Tout change.*

Answers will vary.

*E. Jamais de la vie!*

Answers will vary.

*F. Les coutumes.*

Answers will vary.

*G. Exprimez votre indifférence.*

1. N'importe quoi.
2. N'importe où.
3. N'importe lequel.
4. N'importe quand.
5. À n'importe lequel.
6. N'importe combien.
7. N'importe comment.
8. À n'importe qui.

*H. On n'est pas au courant.*

1. Marc a donné le message à je ne sais qui.
2. Elle va parler avec je ne sais quel professeur.
3. Elles se sont mises en colère je ne sais pourquoi.
4. Le malade avait pris je ne sais combien de pilules.
5. Il a réussi je ne sais comment aux examens.
6. Nos cousins arriveront je ne sais quand.

*I. En français, s'il vous plaît.*

1a. Tu peux trouver ce pain dans n'importe quelle boulangerie.
1b. Il n'y a pas de boulangerie par ici.
1c. Il travaille dans je ne sais quelle boulangerie.
1d. Il y a quelques boulangeries dans ce quartier. Certaines sont très bonnes. (Il y en a qui sont très bonnes.)
2a. Ils achètent quelque chose.
2b. Achètent-ils quelque chose?
2c. Ils n'achètent rien.
2d. Ils achètent je ne sais quoi.
2e. Ils n'achètent pas n'importe quoi (quoi que ce soit).
3a. Nous adorons ces chansons et nous en apprenons quelques-unes.
3b. Nous apprenons quelques chansons.
3c. Nous pouvons apprendre n'importe quelles chansons.
3d. Nous pouvons apprendre n'importe laquelle.
3e. Nous n'avons appris aucune chanson.
4a. Nous pouvons partir n'importe quand.
4b. Ils vont partir je ne sais quand.
5a. N'importe qui peut faire ça.
5b. Personne ne peut faire ça.
5c. Certains peuvent faire ça, d'autres ne peuvent pas. (Il y en a qui peuvent faire ça, il y a d'autres qui ne peuvent pas.)

*J. À compléter.*

1. de
2. d'autre
3. Chaque
4. ailleurs
5. toutes

*K. En français, s'il vous plaît!*

1. Tout le monde est content maintenant. (Tous sont contents maintenant.)
2. Il fait un voyage d'affaires toutes les trois semaines.
3. Donne-nous quelque chose de bon à manger, maman!
4. Tu devrais contacter quelqu'un d'autre.
5. J'ai trois petites cousines et je veux acheter une poupée pour chacune.
6. Tout café sert des croissants.
7. Il a quelque chose d'effrayant.

*L. Comment l'exprimer?*

1. b
2. a
3. b
4. a
5. b
6. a
7. a
8. a
9. b
10. b

*M. Qu'est-ce que cela veut dire?*

1. b
2. a
3. a
4. b
5. b
6. a
7. b
8. b

*N. La grammaire en action.*

1. V
2. F
3. V
4. F
5. F
6. V
7. F

# CHAPTER 22
*Prepositions; prepositions with geographical names*

*A. Expliquez les différences.*

1. à la une: *on the front page;* à la page: *up-to-date, in the know*
2. à plusieurs reprises: *several times;* à la fois: *at the same time*
3. à l'étroit: *crowded, short of space;* à la hauteur: *up to a task, capable of doing*
4. une bouteille à lait: *a milk bottle;* une bouteille de lait: *a bottle of milk*
5. au suivant: *Who's next?;* à suivre: *to be continued*

*B. Synonymes ou antonymes?*

1. antonymes
2. synonymes
3. synonymes
4. antonymes
5. synonymes
6. antonymes
7. synonymes

*C. Comment est-ce que cela se dit?*

1. la glace au chocolat
2. l'homme au costume bleu
3. à notre grande tristesse
4. vendre à la livre
5. reconnaître quelqu'un à la voix
6. à titre confidentiel
7. à ses heures (libres)
8. lire à haute voix
9. à deux cents mètres du cinéma
10. la fille aux cheveux blonds
11. se couper au doigt
12. tout au plus

*D. On cause.*

1a. à la une
1b. à main armée
2a. à la folie
2b. à titre de père
3a. à bon compte
3b. à prix d'or
4a. à la perfection
4b. à moitié

**E.** *Est-ce à ou de?*

1. de
2. de
3. à
4. à
5. de
6. À
7. de
8. du
9. de/de

**F.** *Expliquez les différences.*

1. de suite: *in a row;* à suivre: *to be continued*
2. de hauteur: *in height;* à la hauteur: *up to the task*
3. à côté: *next door, close by;* de côté: *aside*
4. Il est au Japon.: *He's in Japan.;* Il est du Japon.: *He's from Japan.*
5. une corbeille à papier: *a wastepaper basket;* une corbeille de papier: *a basket (full) of paper*
6. travailler de jour: *to work days;* travailler à la journée: *to work by the day (be paid by the day)*

**G.** *La vie en famille.*

1. d'une tête
2. drôle d'idée
3. changer d'avis
4. faculté de médecine
5. de bonne matin
6. à fond
7. à deux pas
8. de
9. de
10. de toute sa vie

**H.** *Comprenez-vous?*

1. a
2. b
3. a
4. a
5. b
6. a
7. b
8. b
9. b
10. a

**I.** *Sans ou avec?*

1. sans
2. avec
3. sans
4. Sans
5. Sans
6. Avec
7. avec
8. sans
9. avec
10. sans

**J.** *En français, s'il vous plaît!*

1. sans doute
2. sans ça
3. se lever avec le jour
4. sans cœur
5. les sans-emploi
6. avec amour
7. avec gentillesse
8. sans le sou
9. Et avec ça (cela)?
10. sans hésiter, sans hésitation

**K.** *Est-ce en ou dans?*

1. dans
2. dans
3. en
4. en
5. en
6. en
7. dans
8. en
9. en
10. dans
11. en
12. en
13. dans
14. en
15. en
16. en
17. dans
18. en
19. Dans
20. dans

**L.** *Comment est-ce que cela se dit?*

1. dans l'escalier
2. être en nage
3. son père en plus grand
4. dans les coulisses
5. en haut
6. en pleine nuit
7. dans le sens de la longueur
8. être dans le pétrin
9. être dans les affaires
10. être en pyjama
11. en guerre
12. C'est en quoi?

**M.** *Exprimez en français?*

1. J'en ai par-dessus la tête.
2. Jacques et Marie marchent bras dessus, bras dessous.
3. Ces étudiants sont en dessous de la moyenne.
4. Le détective est sur la bonne piste.
5. Nous avons acheté des pommes sur le marché.
6. J'aime me promener sous la pluie.
7. Je suis libre un samedi sur deux.
8. Il travaille sous une identité d'emprunt.
9. Elle pense que le travail est au-dessous d'elle.
10. Les enfants au-dessous de dix ans ne paient pas.
11. C'est au-dessus de mes forces.
12. Il a écrit un article sur la Tunisie.

**N.** *La vie est parfois compliquée.*

1. Pour
2. pour
3. d'entre
4. par
5. pour
6. pour
7. pour
8. Par
9. Entre
10. par
11. entre
12. par
13. pour
14. par

*O. Comprenez-vous?*

1. We'll see each other around six o'clock.
2. According to the doctor he is not out of danger.
3. You live better outside the city.
4. He was very generous to his children.
5. She looks out the window.
6. The teacher spoke about the test.
7. I have to go see my lawyer (at his office).
8. I'll give you these stamps for that coin.

*P. Et en français?*

1. selon les journaux
2. pendant la classe
3. malgré la difficulté
4. près de la gare
5. quant à moi
6. trois voix contre deux
7. environ dix étudiants
8. hors jeu
9. à travers champs
10. chez les Français
11. avant de descendre
12. après être descendu(e)(s)

*Q. Des étudiants à l'étranger.*

1. Monique travaille aux Canada, à Québec.
2. Olivier travaille aux États-Unis, à La Nouvelle-Orléans.
3. Mariek travaille au Japon, à Tokyo.
4. Fernand travaille au Brésil, à Sao Paolo.
5. Gérard travaille au Mexique, à Mexico.
6. Stella travaille à Haïti, à Port-au-Prince.
7. Luc travaille au Sénégal, à Dakar.
8. Brigitte travaille aux Pays-Bas, à Amsterdam.
9. Sylvie travaille en Égypte, au Caire.
10. Béatrice travaille au Portugal, à Lisbonne.
11. Jan travaille au Viêt-nam, à Saïgon.
12. Raymond travaille en Israël, à Jérusalem.

*R. D'où sont-ils?*

1. Fatima est d'Irak.
2. Lise est de Bruxelles.
3. Martin et Santos sont du Chili.
4. Sven est du Danemark.
5. Rosa et Laura sont de Naples.
6. Mei-Li est de Chine.
7. Amalia est de Mexico.
8. Fred et Jane sont de Californie.
9. Kimberly est du Vermont.
10. Odile est du Luxembourg.
11. Corazon est des Philippines.
12. Mies est des Pays-Bas.
13. Hanako et Hiro sont du Japon.
14. Bill est des États-Unis.
15. Olivier est du Havre.

# CHAPTER 23
## *Relative clauses*

*A. Est-ce qui ou que?*

1. qui
2. que
3. qui
4. que
5. qui
6. qui
7. que
8. qui
9. que
10. qui
11. que
12. qui
13. qu'
14. qui
15. que
16. qu'

*B. Des précisions.*

1. Le médecin qui a son cabinet dans ce bâtiment.
2. Les comprimés que mon médecin m'a ordonnés.
3. Le régime que j'ai trouvé au centre diététique.
4. Le sirop que j'ai laissé sur la table.
5. La piqûre que l'infirmière m'a faite hier.
6. Les pilules que j'ai prises hier m'ont donné le vertige.
7. La crème que le pharmacien m'a conseillée.
8. Les vitamines qui sont bonnes pour le cœur.

*C. Encore des précisions.*

1a. Le professeur que tous les étudiants adorent.
1b. Le professeur qui enseigne le français et l'espagnol.
1c. Le professeur qui vient de se marier.
1d. Le professeur que mes parents connaissent (*or que* connaissent mes parents).
2a. La maison que Jeanne et Richard ont achetée.
2b. La maison qui a un jardin et une piscine.
2c. La maison qu'on a construite en 1975.
2d. La maison qui est en briques.
3a. Les cadeaux que mon frère et moi, nous avons reçus il y a une semaine.
3b. Les cadeaux que mon oncle et ma tante nous ont envoyés.
3c. Les cadeaux que je t'ai montrés hier.
3d. Les cadeaux qui t'ont beaucoup plu.
4a. Le restaurant que nos amis ont ouvert l'année dernière.
4b. Le restaurant qui a une ambiance alsacienne.
4c. Le restaurant qui a des nappes rouges.
4d. Le restaurant que beaucoup d'artistes fréquentent (*or* que fréquentent beaucoup d'artistes).
5a. Le sénateur que le peuple a élu l'année dernière.
5b. Le sénateur qui a promis de combattre l'inflation.
5c. Le sénateur qui est marié avec une journaliste.
5d. Le sénateur que les ouvriers appuient (*or* qu'appuient les ouvriers).

### D. Continuons à préciser.

1. Il va sortir avec la fille à qui il pense tout le temps.
2. Je vais te montrer la lettre à laquelle j'ai répondu.
3. J'ai écouté le débat auquel nos copains ont pris part.
4. Il parle des habitudes auxquelles il faut renoncer.
5. Elle s'est mariée avec l'homme à qui elle se fiait.
6. Les clients à qui nous avons téléphoné sont venus.
7. J'aime les détails auxquels vous avez veillé.
8. J'ai recommandé les méthodes auxquelles je crois.

### E. Quel drame!

1. à laquelle
2. à qui
3. auquel
4. à qui
5. qu'
6. auxquels
7. auxquelles
8. à laquelle
9. à laquelle
10. qui

### F. De qui s'agit-il exactement?

1. La fille dont la mère est médecin.
2. L'ami dont l'oncle travaille au ministère.
3. Le sénateur dont le pays entier a écouté le discours.
4. Les ouvriers dont le syndicat compte entreprendre une grève.
5. Les étudiants dont on a publié le rapport.
6. Le professeur dont le cours est toujours plein.
7. L'infirmière dont tout le monde admire le travail.
8. La programmeuse dont les logiciels se vendent très bien.
9. Les voisins dont les enfants assistent à cette école.
10. Le groupe de rock dont tous les jeunes écoutent les chansons.

### G. En une seule phrase, s'il vous plaît!

1. Notre guide nous a montré un paysage dont nous nous sommes émerveillés.
2. Nous avons visité les murailles dont la vieille ville est entourée.
3. Une amie nous a invités au festival de danse auquel elle prenait part.
4. Nous sommes allés voir une rue qu'on transformait en rue piétonne.
5. On est allés voir une comédie dont on a beaucoup ri.
6. Nous avons essayé la cuisine régionale dont la ville se vante.
7. On nous a signalé l'absence d'une université dont nous nous sommes aperçus.
8. C'est la vie universitaire dont la ville manquait.
9. Nous avons des amis dans la région à qui nous avons téléphoné.
10. Nous avons passé une belle journée avec eux dont nous nous souvenons encore.

11. La crise dont tout le monde avait peur est arrivée.
12. Un ministre faisait mal les fonctions dont il était responsable.
13. C'était un homme respecté dont personne ne se doutait.
14. Ce ministre est un homme bien en vue à qui la nation entière se fiait.
15. On dit qu'il a donné des emplois à des gens non qualifiés, dont plusieurs parents et amis (dont plusieurs étaient ses parents et ses amis).
16. Ils faisaient un travail dont on commençait à se plaindre.
17. Il y avait cent employés au ministère dont on a congédié une trentaine.
18. C'est la confiance de la nation dont le ministre a abusé.

### H. Le style soutenu.

1. *The government took a step the consequences of which are regrettable.*
2. *The policemen made an effort the importance of which our team recognizes.*
3. *It's an economic crisis in consequence of which unemployment has increased.*
4. *People are waiting for a statement from the general under whose orders the army was fighting.*
5. *Our country is participating in an international effort whose success is predicted.*
6. *She had an illness following which she had to resign from her job.*
7. *They made a study of the conditions in which the underprivileged of our city are living.*
8. *We were attending the press conference during which the new plans for road construction were announced.*

### I. Gestion critiquée.

1. laquelle
2. avec lequel
3. auxquels
4. sur laquelle
5. avec lequel
6. sur lesquelles
7. lequel
8. dont/desquelles

### J. Au pays de mes ancêtres.

1. laquelle
2. laquelle
3. auxquels
4. lesquels
5. laquelle
6. laquelle
7. laquelle
8. duquel
9. lequel
10. qui
11. dont
12. desquelles

*K. À compléter.*

1. celui que
2. ce que
3. Ce qui
4. tout ce qu'
5. celle qu'
6. ce dont
7. ce qu'
8. ce dont
9. ce qui
10. ce que
11. ce qui
12. ce que

*L. Jacqueline est amoureuse.*

1. ce qu'
2. Ce qui
3. ce que
4. ce que
5. Ce qui
6. Ce dont
7. ce qui
8. ce que
9. ce dont
10. ce qui
11. ce que
12. ce dont

*M. Exercice d'ensemble.*

1. Élisabeth a un poste dont elle veut démissionner.
2. Il y a d'autres emplois sur lesquels elle essaie de se renseigner.
3. Elle manque de qualifications dont nous ne pouvons pas nous passer dans mon bureau.
4. Elle a téléphoné à d'autres entreprises dont je lui ai donné le nom.
5. Il y a des cours d'orientation auxquels elle assiste.
6. Il y a de nouveaux logiciels pour le bureau avec lesquels Élisabeth se familiarise.
7. Elle a déjà trouvé une entreprise pour laquelle elle voudrait travailler.
8. Je vais te montrer les choses dont j'ai besoin pour préparer mon petit déjeuner.
9. Voilà le réchaud sur lequel je fais mon café.
10. Voilà le bol dans lequel je bois mon café du matin.
11. Voilà la boulangerie dans laquelle (où) j'achète mes croissants et mon pain.
12. Voilà la porte de la boutique au-dessus de laquelle il y a une enseigne.

*N. Exercice d'ensemble.*

1. J'ai compris tout ce qu'ils ont dit.
2. Ceux qui sont venus en avance ont trouvé des places.
3. Voilà la gare près de laquelle elle travaille.
4. Voici le café devant lequel je l'ai vu.
5. C'est un livre sans lequel je ne peux pas finir mon travail.
6. Je ne vois pas le parc vers lequel nous allons.
7. Nous sommes allés à la ville où (dans laquelle) elle travaille.
8. Nous avons fait la connaissance du professeur dont notre ami avait parlé.
9. Ce dont il se souvient est un secret.
10. Ce à quoi il participe est intéressant.

# CHAPTER 24
## *The present subjunctive*

*A. Moi, je ne veux pas.*

1. Moi, je ne veux pas qu'il fasse du japonais.
2. Moi, je ne veux pas qu'elle laisse les fenêtres ouvertes.
3. Moi, je ne veux pas qu'il sorte avec Hélène.
4. Moi, je ne veux pas qu'il boive du vin.
5. Moi, je ne veux pas que tu voies un vieux film.
6. Moi, je ne veux pas qu'il sache mon adresse.
7. Moi, je ne veux pas qu'elle soit triste.
8. Moi, je ne veux pas qu'ils aient peur.
9. Moi, je ne veux pas qu'il maigrisse.
10. Moi, je ne veux pas que tu grossisses.

*B. La surboum de samedi soir.*

1. Je préfère que Marc choisisse le gâteau.
2. Il est nécessaire que Lise et Rachelle aillent chercher les boissons.
3. Il est important que Roland et Jacqueline puissent venir.
4. Je veux que Janine fasse les hors-d'œuvre.
5. Il faut que tu fasses quelques coups de fil.
6. Il est essentiel qu'Olivier vienne.
7. Je préfère que nous achetions des plats préparés chez le charcutier.
8. Je veux que tu viennes m'aider samedi après-midi.

*C. Des étudiants à Paris.*

1. Le professeur exige que nous visitions tous les monuments de Paris.
2. Barbara souhaite que nous commencions par la visite du Louvre.
3. Martin désire que le groupe fasse le tour de Paris en autobus.
4. Monique demande qu'on voie les Tuileries.
5. Georges recommande que nous allions à l'Arc de Triomphe.
6. Gustave suggère que nous montions à Montmartre.
7. Diane ordonne que tout le monde suive l'itinéraire.
8. Édouard aime mieux qu'on fasse une promenade à pied dans le Marais.
9. Renée veut que nous prenions le déjeuner.
10. Véronique ne veut pas que nous passions toute la journée à discuter.

*D. Nos souhaits et désirs.*

1. Je désire que tout soit en règle.
2. Je ne veux pas que les enfants aient peur.
3. Nous ne voulons pas que cette famille vive mal.
4. Ses parents empêcheront qu'il boive trop de vin.
5. Je recommande qu'il sache les réponses.

6. Je demande qu'ils conduisent prudemment.
7. Ses parents aiment mieux qu'elle rejoigne son fiancé.
8. Ses parents ne permettent pas qu'elle sorte avec Jean-Philippe.

**E.** *Une lettre.*

1. vas
2. sommes
3. viennes
4. accompagnent
5. preniez
6. mettiez
7. allions
8. visitions
9. passer

**F.** *À vous de vous exprimer sur l'avenir de votre école.*

Answers will vary.

**G.** *C'est bien.*

1. Je suis contente qu'elles soient là.
2. Je suis contente qu'il vende sa bicyclette.
3. Je suis contente qu'ils partent en vacances.
4. Je suis contente qu'il nous attende.
5. Je suis contente qu'il ne désobéisse jamais.
6. Je suis contente que vous dîniez ensemble.
7. Je suis contente que nous complétions le programme cette année.
8. Je suis contente qu'il connaisse Odile.

**H.** *En une seule phrase, s'il vous plaît.*

1. Je suis ravi que tu comprennes tout.
2. Nous sommes furieux qu'ils ne veuillent pas nous aider.
3. Il m'étonne que le prof ne nous reconnaisse pas.
4. J'ai peur qu'il y ait eu un accident.
5. Elle est désolée que tu ne puisses pas venir.
6. Je suis content qu'elle mette le foulard que je lui ai offert.
7. Son professeur se plaint que Philippe n'apprend pas beaucoup.
8. Je suis fâché que ces enfants se battent tout le temps.
9. Il est rare qu'un professeur perde son travail.
10. Il suffit que vous me le disiez.
11. Nous craignons qu'il ne s'aperçoive pas du problème.
12. Il est extraordinaire qu'elle sache conduire un camion.

**I.** *Vos réactions, s'il vous plaît!*

Answers will vary. The subjunctive forms of the verbs are:

1. augmente
2. soient
3. puisse
4. interdise
5. abolisse
6. fassent
7. perde
8. soit
9. écrive
10. lisions

**J.** *Quel fouillis! Et voilà maman qui arrive!*

1. Ma mère n'acceptera pas que je vive dans le désordre.
2. Il est essentiel que nous fassions le ménage.
3. Il faut que nous époussetions les meubles.
4. Je suis content(e) que Bernard et toi, vous récuriez les casseroles.
5. Il convient que toi et moi, nous balayions le parquet.
6. Il est possible que nous cirions le parquet aussi.
7. Lise et Émile, il vaut mieux que vous rangiez les livres dans les bibliothèques.
8. Je me réjouis que Philomène enlève les toiles d'araignée.

**K.** *La flemme de fin de cours.*

1. Il est bizarre que tu n'étudies pas pour les examens.
2. Ça m'étonne que tu n'aies aucune envie de travailler à la bibliothèque.
3. Il vaut mieux que tu écrives la dissertation de philosophie.
4. Il est utile que tu écoutes les cassettes au laboratoire de langues.
5. Il est indispensable que tu prennes des notes dans la classe d'histoire.
6. Les profs seront fâchés que tu ne fasses pas tes devoirs.
7. Je regrette que tu ne lises plus le livre de biologie.
8. Je n'approuve pas que tu t'endormes dans la classe d'anglais.
9. Il n'est pas normal que tu fasses des dessins dans ton cahier dans la classe de maths.
10. Il est agaçant que tu perdes tes cahiers.

**L.** *Conversation.*

1. —Tu sais si notre professeur finira la leçon?
   —Je ne crois pas qu'il finisse la leçon.
2. —Tu sais si Ghislaine rompra avec son petit ami?
   —Je ne crois pas qu'elle rompe avec son petit ami.
3. —Tu sais si ton cousin reviendra cette semaine?
   —Je ne crois pas qu'il revienne (cette semaine).
4. —Tu sais si Nadine servira du pizza à la surboum?
   —Je ne crois pas qu'elle serve du pizza (à la surboum).
5. —Tu sais si Philippe sortira avec Mireille?
   —Je ne crois pas qu'il sorte avec Mireille.
6. —Tu sais si Paul pourra nous rejoindre?
   —Je ne crois pas qu'il puisse nous rejoindre.
7. —Tu sais si Alice sera ici ce soir?
   —Je ne crois pas qu'elle soit ici ce soir.
8. —Tu sais si toi et moi, nous étudierons assez?
   —Je ne crois pas que nous étudiions assez.
9. —Tu sais si Chloë ira au concert?
   —Je ne crois pas qu'elle aille au concert.
10. —Tu sais si Daniel prendra un taxi?
    —Je ne crois pas qu'il prenne un taxi.

*M. Exprimez vos doutes.*

1. Il n'est pas clair que Laurence réussisse à tous ses examens.
2. Il est douteux que nous offrions des disques compacts à Renée.
3. Il n'est pas exclu que tu suives un cours d'histoire.
4. Ça ne veut pas dire qu'il fasse des progrès en anglais.
5. Il est peu probable que Lucette t'écrive.
6. Je ne suis pas sûr qu'il nous connaisse.
7. Je doute que l'élève apprenne tout ça.
8. Je ne crois pas qu'elle descende faire des courses.
9. Il nie que son père vive très mal.
10. Il ne paraît pas que ce pays produise des voitures.

*N. Au sujet des amis.*

1. Je ne pense pas que la voiture de Jean-François soit toujours en panne.
2. Il est évident que Gisèle compte abandonner le lycée.
3. Je doute que Marc et Luc puissent s'acheter un ordinateur.
4. Tout le monde sait que Michèle sort avec Hervé Duclos.
5. Son frère nie que Paul ne fasse pas attention en classe.
6. Il n'est pas exact que Chantal se plaigne de tout.
7. Je suis sûr que Martin étudie beaucoup.
8. Il est peu probable qu'Éliane aille en France cette année.

*O. Le style soutenu.*

1. J'ai peur que vous ne preniez un rhume.
2. Elle craint que nous ne soyons en colère.
3. Doutez-vous qu'il ne soit d'accord?
4. Elle empêche que nous ne finissions notre travail.

*P. C'est aux autres de la faire!*

1. Qu'elles l'apprennent alors.
2. Qu'il les rejoigne alors.
3. Qu'elle le fasse, alors.
4. Qu'il le prenne, alors.
5. Qu'ils la vendent, alors.
6. Qu'elle nous le rende, alors.
7. Qu'il le traduise, alors.
8. Qu'il le finisse, alors.

*Q. En français, s'il vous plaît!*

1. Nous voulons que tu viennes.
2. Qu'il me téléphone s'il veut me parler.
3. La mère permet que les enfants descendent seuls.
4. J'ai besoin que vous m'aidiez.
5. J'ai peur que l'enfant (n')ait de la fièvre.
6. Il est étonnant que ce pays produise tant de camions.
7. Il est peu probable qu'il fasse beau.
8. Il n'est pas vrai qu'elle soit médecin. Je suis sûr qu'elle est avocate.

# CHAPTER 25
*The past subjunctive; literary subjunctives*

*A. Les sentiments.*

1a. Je crains qu'il ait pris une bronchite.
1b. Je doute qu'il soit allé voir le médecin.
2a. J'ai peur que ma sœur (n')ait reçu une mauvaise note en français.
2b. Je ne crois pas qu'elle ait étudié pour l'examen.
2c. Je soupçonne qu'elle ait eu des ennuis avec son petit ami.
2d. Je n'approuve pas qu'elle ne nous ait pas montré son examen.
2e. Ma mère se plaint que Sylvie ne nous en ait pas parlé.
3a. Je suis étonnée que mon père ait perdu son emploi.
3b. Il est possible qu'il en ait trouvé un autre.
3c. Il est peu probable qu'il l'ait déjà accepté.
4a. Je suis furieuse que le prof d'histoire nous ait demandé (de rédiger) une dissertation de 15 pages.
4b. C'est une chance qu'il ne nous en ait pas demandé deux!

*B. Au passé!*

1. —Le prof est content que Jacquot ait répondu.
   —Ça ne veut pas dire qu'il ait compris.
   *The teacher is happy that Jacquot answered.*
   *That doesn't mean that he understood.*
2. —Je suis ravi qu'elle ait pu venir.
   —Mais il est agaçant que son mari ne soit pas venu avec elle.
   *I'm delighted that she was able to come.*
   *But it's irritating that her husband didn't come with her.*
3. —Colette se réjouit que son chef ait eu confiance en elle.
   —Il faut qu'elle ait été très capable.
   *Colette is glad that her boss had confidence in her.*
   *She must have been very capable.*
4. —Ma mère regrette que ma sœur n'ait pas mis son nouveau pull.
   —Il est curieux que ce pull n'ait pas plu à ta sœur.
   *My mother is sorry that my sister didn't wear (put on) her new sweater.*
   *It's strange that your sister didn't like that sweater.*
5. —Je suis surpris qu'Irène ne m'ait pas attendu.
   —Ça ne veut pas dire qu'elle soit sortie.
   *I'm surprised that Irène didn't wait for me.*
   *That doesn't mean that she went out.*

*C. Contrastes.*

1a. Je suis content(e)/heureux(-se) qu'ils partent.
1b. Je suis content(e)/heureux(-se) qu'ils soient partis.
2a. Ce n'est pas qu'elle sorte.
2b. Ce n'est pas qu'elle soit sortie.
3a. Je ne suis pas sûr(e) qu'elle suive un cours.
3b. Je ne suis pas sûr(e) qu'elle ait suivi un cours.
4a. Je ne crois pas que le garçon lise le livre.
4b. Je ne crois pas que le garçon ait lu le livre.
5a. Il est peu probable qu'ils soient en vacances.
5b. Il est peu probable qu'ils aient été en vacances.
6a. Nous sommes surpris/étonnés que les enfants ne se battent pas.
6b. Nous sommes surpris/étonnés que les enfants ne se soient pas battus.

*D. Dans le style de tous les jours.*

1. Je tenais à ce qu'il finisse son travail.
2. Il n'y a eu aucune chance qu'elle comprenne.
3. J'avais peur que l'enfant ne tombe.
4. Il valait mieux que le chef lise le compte rendu.
5. Il fallait travailler tous les jours, même si c'était un jour de fête.

*E. À refaire en français moderne.*

1. Si la France avait modernisé son armée, elle n'aurait pas perdu la Deuxième Guerre mondiale.
2. Si cet écrivain n'était pas mort à l'âge de 30 ans, il aurait été un des grands romanciers de notre littérature.
3. Si les étrangers avaient parlé en français, nous aurions compris.
4. Si la ligne aérienne n'avait pas fait grève, ils seraient partis en vacances.
5. Si les soldats s'étaient approchés de cette maison, ils auraient été tués.

## CHAPTER 26
*The subjunctive (continued)*

*A. Jusqu'à quand?*

1. Paul: J'attendrai jusqu'à ce que Marie-Claire m'appelle.
2. Philippe: J'attendrai jusqu'à ce qu'Yvette vienne.
3. Serge: J'attendrai jusqu'à ce que l'autobus arrive pour me ramener.
4. Luc: J'attendrai jusqu'à ce que Robert revienne de la cabine téléphonique.
5. Baudoin: J'attendrai jusqu'à ce que vous vous en alliez.
6. Maurice: J'attendrai jusqu'à ce que nous puissions vérifier où elles sont.
7. Daniel: J'attendrai jusqu'à ce que nous sachions quelque chose.
8. Richard: J'attendrai jusqu'à ce que ma petite amie apparaisse.

*B. À ceci près.*

1. Oui. Hélène sortira avec Nicolas à moins qu'elle soit occupée.
2. Oui. Jocelyne partira en Italie à moins que son père lui défende d'y aller.
3. Oui. Christophe t'expliquera la leçon à moins qu'il ne fasse pas attention en classe.
4. Oui. Michel veut inviter tous ses amis chez lui à moins que ses parents reviennent.
5. Oui. On peut aller chez les Laurentin à moins qu'ils aient des choses à faire.
6. Oui. Il faudra partir sans Jacqueline à moins qu'elle puisse aller avec nous.
7. Oui. Nous pouvons faire un pique-nique demain à moins qu'il fasse mauvais.

*C. Des événements qui nous empêchent de faire des choses.*

1. À moins que Gérard ait vu le film.
2. À moins qu'on ait déjà fermé les magasins.
3. À moins qu'il ait oublié notre rendez-vous.
4. À moins que sa voiture soit tombée en panne.
5. À moins qu'il soit allé à la bibliothèque.
6. À moins qu'il l'ait perdu.
7. À moins qu'elle ne soit pas encore rentrée.

*D. Pas si vite!*

1. Oui, pourvu que tu prennes le dessert avec nous.
2. Oui, pourvu que tu sois de retour avant minuit.
3. Oui, pourvu que ton frère puisse t'accompagner.
4. Oui, pourvu que tu mettes de l'ordre dans ta chambre.
5. Oui, pourvu que tu fasses les courses avant.
6. Oui, pourvu qu'elle ne vienne pas avant quatre heures.
7. Oui, pourvu que ton père te permette.
8. Oui, pourvu que nous puissions aller avec toi.

*E. C'est pour ça.*

1. Le médecin lui ordonne des antibiotiques pour qu'il se remette.
2. Sa mère a baissé les stores pour que François dorme.
3. Elle prépare une bonne soupe pour qu'il prenne quelque chose de chaud.
4. On lui donne trois couvertures pour qu'il n'ait pas froid.
5. Nous allons t'acheter un poste de télé pour que tu regardes des émissions en français.

6. On va te dessiner un petit plan du quartier pour que tu ne te perdes pas.
7. On te donne une carte avec notre numéro de téléphone pour que tu puisses nous appeler.
8. Nous allons inviter nos neveux et nos nièces pour que tu fasses leur connaissance.

### F. *Courage!*

1. Tu dois faire tes devoirs bien que tu sois fatigué.
2. Tu dois descendre faire les courses bien qu'il fasse mauvais.
3. Tu dois lire le livre de chimie bien que tu n'en aies pas envie.
4. Tu dois téléphoner à Renée bien que vous soyez brouillés.
5. Tu dois aller au cours bien que tu ne te sentes pas bien.
6. Tu dois mettre une cravate bien que tu aies chaud.
7. Tu dois écrire quelque chose bien que tu ne saches pas la réponse.
8. Tu dois finir ta rédaction bien qu'il soit tard.

### G. *Sans ça.*

1. Il entre doucement sans qu'on s'en aperçoive.
2. Cet étudiant copie sans que le professeur s'en rende compte.
3. Marc a eu des ennuis avec la police sans que ses parents soient au courant.
4. Il parle au téléphone sans que je puisse entendre ce qu'il dit.
5. Je te passerai un petit mot (*note*) sans que le prof me voie.
6. Il est parti sans que nous le sachions.
7. Il est rentré sans que nous l'ayons vu.
8. Elle s'est fâchée sans que je lui aie rien dit.

### H. *On fait les courses.*

1. Je ne passerai pas à la blanchisserie jusqu'à ce que Louise descende au marché.
2. Marc ira à la pâtisserie pour que nous prenions un bon dessert ce soir.
3. Claire ira au kiosque du coin pourvu que nous l'accompagnions.
4. Je vais vite au pressing de peur qu'ils (ne) ferment pour le déjeuner.
5. Nous attendrons Chantal à la station-service jusqu'à ce qu'elle fasse le plein.
6. Philippe attendra à la station-service jusqu'à ce que le mécanicien change l'huile.
7. Nous regarderons l'étalage de la librairie en attendant que Jean sorte de chez le coiffeur.
8. Odile veut passer à la droguerie à moins que vous (ne) soyez pressés pour rentrer.

### I. *Vos idées.*

Answers will vary.

### J. *En français, s'il vous plaît.*

1. Je leur téléphonerai (Je les appellerai) avant d'arriver à l'aéroport.
2. Nous regarderons le match de football jusqu'à ce qu'il commence à pleuvoir.
3. Mme Dulac a mis la table une heure avant que ses amis soient arrivés.
4. Ils ont fait la queue pour prendre des billets.
5. Vous ne vouliez pas aller au grand magasin sans que nous y allions aussi.
6. Bien qu'il fasse froid, nous devons faire une promenade.
7. Je te prêterai le livre à moins que tu l'aies déjà acheté.
8. Tu peux aller au cinéma pourvu que ton frère aille avec toi.

### K. *On cherche un logement.*

1. Toi, tu veux un appartement qui ait deux salles de bains.
2. Mathieu a besoin d'un appartement qui soit climatisé.
3. Philippe et moi, nous préférons un appartement qui soit près de la faculté.
4. Nous voulons un appartement qui n'ait pas besoin de beaucoup de rénovation.
5. Moi, je cherche un appartement qui ait le confort moderne.
6. Charles désire un appartement qui se trouve dans un immeuble neuf.
7. Mathieu et Philippe cherchent un appartement qui soit en face de l'arrêt d'autobus.
8. Nous cherchons un voisin qui ne se plaigne pas des surboums.

### L. *La femme idéale.*

1. sache
2. puisse
3. comprenne
4. soit
5. ait
6. aime
7. dise
8. fasse

### M. *Pas de candidates au poste!*

1. réussisse
2. soit
3. puisse
4. mente
5. ait
6. veuilles

### N. Au bureau.

1. sait
2. sache
3. connaisse
4. ait
5. puisse
6. soit
7. ont
8. soit

### O. Un peu d'enthousiasme!

1. C'est la plus belle fille que je connaisse.
2. C'est le cours le plus ennuyeux que je suive.
3. C'est le compte rendu le plus intéressant que Marc écrive.
4. C'est le village le plus joli que vous visitiez.
5. C'est le premier patient qui vienne au cabinet du dentiste.
6. Vous êtes la seule étudiante qui fasse du chinois.
7. C'est la dernière employée qui s'en aille du bureau.
8. C'est le pire repas qu'on ait servi à la cantine.
9. C'est le meilleur restaurant que nous fréquentions.
10. C'est le plus beau tableau que tu aies peint.
11. C'est le loyer le plus élevé que j'aie payé.
12. Tu es le seul ami qui me comprenne.

### P. Et maintenant il s'agit de vous.

*Answers will vary.*

### Q. À traduire.

1. Whoever she may be, she doesn't have the right to go in.
2. However rich they may have become, they cannot forget the poverty of their youth.
3. However gifted you may be, you must study.
4. He expected to offer us anything (any old thing, anything at all).
5. I will never forgive him, no matter what he says.
6. This candidate accepts money from anyone.
7. Whatever the sum offered may be, it won't be enough.
8. Wherever you may go, you'll find the same difficulties.

### R. On téléphone.

1. un téléphone mobile
2. un plan pour utiliser son téléphone mobile partout en Europe
3. L'Option Europe est utilisable dans dix-sept pays. On peut traverser les frontières sans changer de numéro.
4. On fait un contraste entre **loin** et **proche.** La phrase veut dire qu'avec Itineris on peut toujours contacter les gens avec qui on travaille malgré les distances.
5. Vos proches collaborateurs ne sont jamais très loin de vous.
6. Oui, il y a un numéro vert donné dans l'annonce.
7. quoi qu'il arrive/où que vous soyez

## CHAPTER 27
### *The passive voice and substitutes for the passive*

### A. Au bureau.

1. Les clients sont reçus par la réceptionniste.
2. Les commandes sont passées par les employés.
3. Un versement sur le compte de l'entreprise a été fait par la secrétaire.
4. Des marchandises ont été livrées par un camion.
5. Des échantillons ont été expédiés par le bureau.
6. Des chèques ont été signés par le patron.
7. Des factures ont été envoyées par la secrétaire.
8. Une demande d'emploi a été présentée par un jeune homme.
9. Un nouveau produit va être lancé par l'entreprise.
10. Le marché va être étudié par des experts.

### B. Le déménagement.

1. Les lits ont été montés par trois hommes.
2. Les tableaux ont été accrochés au mur par Pierre et sa sœur.
3. La machine à laver a été installée par un plombier.
4. Le fauteuil a été placé en face de la télé par M. Martel.
5. Les vêtements ont été accrochés dans la penderie par Mme Martel.
6. Deux grosses caisses en bois ont été laissées dans le sous-sol par les déménageurs.
7. La vaisselle a été rangée dans les placards par Mme Martel.
8. Les lampes ont été branchées par M. Martel.

### C. Oui, c'est lui.

1. Oui, la quiche va être préparée par Luc et Catherine.
2. Oui, les amis du lycée vont être invités par Marie.
3. Oui, le cassettophone va être apporté par Bernard.
4. Oui, les couverts vont être mis par Geneviève et Virginie.
5. Oui, le chocolat va être acheté par Suzanne.
6. Oui, le café va être fait par Antoine.
7. Oui, les cassettes vont être choisies par Anne et Danielle.
8. Oui, les hors-d'œuvre vont être servis par Eugène.

### D. La société idéale.

1. Les enfants doivent être protégés.
2. Les personnes âgées doivent être respectées.
3. La police doit être bien payée.
4. Le drapeau doit être honoré.
5. La loi doit être obéie.
6. Les professionnels doivent être bien formés.
7. Les musées doivent être subventionnés.
8. Les transports en commun doivent être modernisés.

9. Les petites entreprises doivent être encouragées.
10. Les jeunes doivent être embauchés.

*E. Comment se tenir à table en France.*

1. On ne penche pas l'assiette pour finir sa soupe.
2. On tient toujours le couteau dans la main droite.
3. On tient toujours la fourchette dans la main gauche.
4. On n'essuie pas la sauce avec un morceau de pain.
5. On ne pose pas les coudes sur la table.
6. On pose les mains sur le bord de la table.
7. On ne coupe pas le pain avec le couteau.
8. On casse son morceau de pain.
9. On répond «Avec plaisir» pour accepter de reprendre un des plats.
10. On répond «Merci» pour ne pas accepter de reprendre un des plats.

*F. Conseils de cuisine.*

1a. On offre des hors-d'œuvre avec l'apéritif.
1b. Des hors-d'œuvre s'offrent avec l'apéritif.
2a. On coupe un fromage en cubes pour servir avec l'apéritif.
2b. Un fromage se coupe en cubes pour servir avec l'apéritif.
3a. On prépare une bonne soupe la veille.
3b. Une bonne soupe se prépare la veille.
4a. On débouche le vin au moins une heure avant de le servir.
4b. Le vin se débouche au moins une heure avant de le servir.
5a. On prépare ce plat une heure avant le repas.
5b. Ce plat se prépare une heure avant le repas.
6a. On sert cette viande froide.
6b. Cette viande se sert froide.
7a. On boit ce vin doux après le repas.
7b. Ce vin doux se boit après le repas.
8a. On sert des fruits comme dessert.
8b. Des fruits se servent comme dessert.

*G. Des renseignements utiles pour un ami étranger.*

1. Le base-ball ne se joue pas en France.
2. Les journaux américains se vendent partout.
3. Les bouquinistes se trouvent le long de la Seine.
4. Les films américains se projettent dans beaucoup de cinémas.
5. Les chansons américaines s'entendent à la radio.
6. Des festivals de théâtre se donnent en été.
7. Un marché volant s'installe deux fois par semaine dans ce quartier.
8. Les billets de métro peuvent s'acheter en carnets de dix.

*H. C'est à vous d'être le professeur de français!*

1. Le verbe **monter** se conjugue avec **être** au passé composé.
2. Dans le mot **clef** le **f** final ne se prononce pas.
3. Le subjonctif s'utilise après **jusqu'à ce que.**
4. **Les rebuts** est un mot qui s'emploie au Canada.
5. *A silent film* se traduit en français par **un film muet.**
6. Les mots **amoral** et **immoral** se confondent souvent.
7. Le sujet se place devant le verbe dans les déclarations.
8. Le vocabulaire technique s'apprend sans difficulté.

*I. La grammaire en action.*

1. Il dure quatre ans.
2. Après avoir eu son bac.
3. On fait un stage dans deux pays européens pendant un an.
4. Cette école est reconnue par l'État et aussi par les entreprises.

# CHAPTER 28
*Important idioms and proverbs*

*A. Comment le dire?*

1. a
2. b
3. b
4. a
5. b
6. b
7. a
8. b
9. b
10. a

*B. Qu'est-ce que ça veut dire?*

1. b
2. a
3. a
4. b
5. b
6. b
7. a
8. a
9. b
10. b
11. a
12. b

*C. Même sens.*

1. f
2. c
3. e
4. a
5. h
6. b
7. j
8. d

*D. À compléter.*

1. un voyage
2. la moue
3. tout petit
4. mal
5. son droit
6. du bricolage
7. les quatre cents coups
8. des idées/des illusions

*E. De nouvelles phrases.*

1. Il a pris sa retraite.
2. Il s'en prend à ses critiques.
3. C'est un parti pris.
4. Prends garde!
5. Tu peux me prendre un journal?
6. Le petit garçon m'a pris au pied de la lettre.
7. J'ai pris froid./J'ai pris un rhume.
8. L'enfant a pris du corps.
9. On a attrapé le voleur la main dans le sac.
10. J'ai été pris(e) de panique.
11. Il ne sait pas s'y prendre.
12. Il sort prendre le frais (prendre l'air).

*F. Savez-vous une expression avec* mettre?

1. mettre qqn à la porte
2. se mettre au lit
3. se mettre à genoux
4. mettre le feu à qqch
5. mettre au courant
6. se mettre à faire qqch
7. se mettre à table
8. se mettre en route
9. se mettre en quatre pour qqn
10. mettre qqn en quarantaine

*G. Comment est-ce qu'on pourrait dire ça?*

1. se mettre à l'abri
2. mettre en valeur
3. met les bouts, met les voiles
4. mis en service
5. te mettre aux maths
6. rien à me mettre
7. mis sur la voie
8. mettre en relief
9. se mettre en colère
10. Le temps se met au beau

*H. Comment le dire?*

1. b
2. b
3. a
4. b
5. b
6. a
7. a
8. b

*I. Les expressions avec* voir.

1. Fais voir. (Faites voir.)
2. Il voit la vie en rose.
3. Je n'y vois goutte.
4. Je vous ferais voir trente-six chandelles.
5. Vous voyez d'ici le tableau!
6. Je n'y vois pas d'inconvénient.
7. On n'en voit pas la fin.
8. Il se voient en cachette.
9. Ils ne peuvent pas se voir (en peinture).
10. C'est quelque chose qui ne se voit pas tous les jours.

*J. Qu'est-ce que cela veut dire?*

1. l
2. f
3. e
4. b
5. h
6. k
7. c
8. a
9. j
10. i
11. g
12. d

*K. Exprimez-vous comme il faut.*

1. Ce raisonnement ne tient pas debout.
2. tient bon.
3. Tu me casses les pieds.
4. On vous demande au téléphone.
5. Il roule sur l'or.
6. Ils me donnent du fil à retordre.
7. Il a payé ses dettes.
8. Il a perdu le nord.
9. On va tirer au sort.
10. Donne-moi un coup de main.

*L. Répondez.*

1. a
2. a
3. b
4. a
5. b
6. b
7. a
8. b
9. a
10. a

*M. Les expressions à l'œuvre.*

1. Il est d'une humeur de chien.
2. Tu mets la charrue devant les bœufs.
3. Elle a des nids de poule.
4. Marc est dans les choux.
5. C'est un type qui ménage la chèvre et le chou.
6. Il n'y avait pas un chat.
7. Ce n'est pas fait pour les chiens.
8. Ils se regardent en chiens de faïence.
9. C'est chou vert et vert chou.
10. Ils s'entendent comme chien et chat.
11. Il arrive comme un chien dans un jeu de quilles.
12. Chat échaudé craint le feu.
13. Il est têtu comme une mule.
14. Je suis fauché(e) comme les blés.
15. On n'a pas gardé les cochons ensemble!
16. Tu as un chat dans la gorge.
17. Il faut appeler un chat un chat.
18. Il m'a traité comme un chien.
19. Elle fait l'âne pour avoir du son.
20. C'est bête comme chou.

*N. Vous comprenez?*

| | |
|---|---|
| 1. b | 6. b |
| 2. a | 7. a |
| 3. a | 8. a |
| 4. b | 9. b |
| 5. a | 10. b |

*O. Traduction.*

1. par contre
2. de la peine perdue
3. selon le cas
4. tour à tour
5. Motus!
6. être collant
7. Et pour cause!
8. une fois pour toutes
9. un coup monté
10. jusqu'ici
11. une mauvaise langue
12. à bout portant
13. À quoi bon?
14. Sans blague.
15. à fond
16. au lieu de
17. Défense d'entrer.
18. hors de soi
19. Mon œil!
20. en panne

*P. Synonymes.*

| | |
|---|---|
| 1. o | 9. a |
| 2. p | 10. g |
| 3. n | 11. r |
| 4. g | 12. e |
| 5. m | 13. l |
| 6. t | 14. d |
| 7. b | 15. q |
| 8. j | 16. i |

*Q. Quel proverbe?*

1. L'habit ne fait pas le moine.
2. Une hirondelle ne fait pas le printemps.
3. Une de perdue, dix de retrouvées.
4. Charbonnier est maître chez soi.
5. Les beaux esprits se rencontrent.
6. Pierre qui roule n'amasse pas mousse.
7. Plus on est de fous, plus on rit.
8. Santé passe richesse.
9. Paris ne s'est pas fait en un jour.
10. Aux grand maux, les grands remèdes.
11. Le chat parti, les souris dansent.
12. Il faut battre le fer pendant qu'il est chaud.

# EXAMINATION

*Section I*

**A.**

1. travaille
2. nous efforçons
3. jettent
4. emmène
5. mangeons
6. appelles
7. réussissez
8. vendent
9. préférez
10. pèse

**B.**

1. veulent
2. sais
3. faites
4. mets
5. cueille
6. produisent
7. recevons
8. reconnaît
9. souffrons
10. suit
11. apprenez
12. meurs
13. dors
14. disons

**C.**

1. Le médecin peut-il me voir maintenant?
2. Les ministres discutent-ils de l'économie?
3. Mme Durocher compte-t-elle vendre sa maison?
4. Vos tantes ne sortent-elles pas en hiver?
5. Notre professeur n'arrive-t-il jamais en retard?

**D.**

1. Ils ont dîné en ville.
2. Nous avons ouvert les fenêtres.
3. Elle est descendue faire les courses.
4. Hélène et Lise sont allées à l'école à bicyclette.
5. Vous avez beaucoup réfléchi à l'avenir.
6. Beaucoup de soldats sont morts pendant la guerre.
7. Les élèves n'ont jamais interrompu le professeur.
8. Elle a promis de nous aider.
9. Les employés ont eu des ennuis avec le directeur.
10. Nous avons peint notre maison.
11. Nous avons écrit des lettres à nos amis.
12. Vous avez lu l'article.

**E.**

1. faisait/sont sortis
2. est arrivé/était
3. mangeais/m'as téléphoné
4. as vu(e)s/lisions

**F.**

1. ferez
2. viendrons
3. aurai
4. enverras
5. seront

**G.**

1. voudrions
2. devraient
3. pleuvrait
4. pourrais
5. courrais

**H.**

1. Je ne m'étais pas encore habillé(e).
2. Il avait pris son café.
3. Elles étaient arrivées en avance.
4. Les enfants s'étaient déjà couchés.
5. Nous avions préparé le repas.

**I.**

1. aurai fini
2. sera parti
3. se seront endormis
4. aurons choisis

**J.**

1. avais appelé(e)/serais venu(e)
2. s'étaient levés/n'auraient pas manqué
3. avions vu(e)/aurions donné
4. aurait étudié/aviez dit

K.
1. à
2. à
3. X
4. d'
5. pour
6. X
7. à
8. à
9. X
10. de
11. d'
12. de

*Section II*

A.
1. le/un
2. les/des
3. l'/un
4. le/un
5. la/une
6. les/des

B.
1. des travaux
2. des idéaux
3. des clous
4. des cours
5. des voix
6. des choux

C.
1. français/française/français/françaises
2. grec/grecque/grecs/grecques
3. chinois/chinoise/chinois/chinoises
4. canadien/canadienne/canadiens/canadiennes

D.
1. bel
2. favorite
3. nouveaux
4. blanche
5. marron

E.
1. la sienne
2. Laquelle
3. ces
4. mon
5. nos/ceux
6. les nôtres/meilleurs
7. Quelle/Celle

F.
1. le
2. y
3. en
4. me les
5. en
6. en
7. la lui
8. les y
9. m'en
10. les-leur

*Section III*

A.
1. quatre-vingts
2. trois cents
3. huit cent dix
4. midi et demi
5. le dix avril

B.
1. heureusement
2. couramment
3. confusément
4. facilement
5. intelligemment

C.
1. à
2. au
3. d'
4. avec
5. en
6. en
7. de
8. sans
9. en
10. à
11. au
12. en

*Section IV*

A.
1. qui
2. ce dont
3. qui
4. que
5. ce que
6. ce qui
7. dont
8. qui
9. laquelle
10. duquel

B.
1. revienne
2. sachiez
3. aille
4. sont
5. soit
6. finisse
7. pouvez/pourrez
8. aies
9. s'en rende
10. comprennes

# CHAPTER 29
*The French language*

*A. Mais c'est faux!*

1. Le français est une langue dérivée du latin.
2. Le gaulois était la langue de la Gaule avant la conquête romaine. La langue du midi de la France au moyen âge était le provençal.
3. À l'époque de la Renaissance le français s'enrichit d'emprunts italiens.
4. L'espagnol transmet les nouveaux mots américains à l'Europe.
5. Les Comores se trouvent dans l'océan Indien.
6. Le français et le néerlandais sont les langues officielles de la Belgique.
7. Le français est très marqué par les emprunts germaniques.
8. Le français et l'anglais sont les deux langues de travail aux Nations unies.

*B.*

1. b
2. b
3. a
4. b
5. b
6. a
7. a
8. b

*C. Identifications.*

1. g
2. c
3. b
4. h
5. f
6. d
7. a
8. e

## CHAPTER 30
*History of France*

*A. Quel siècle?*

1. XVIe
2. XIe
3. IXe
4. XXe
5. XVIIIe
6. XVIIe
7. XIXe
8. XIIIe

*B. Identification.*

1. e
2. f
3. a
4. b
5. g
6. d
7. h
8. c

*C. À compléter.*

1. du fer
2. la Provence; l'Espagne; l'Italie
3. Jules César
4. Saint Martin
5. Clovis
6. *La chanson de Roland*
7. capétiens
8. l'Angleterre
9. Samuel de Champlain
10. duc de Bourgogne
11. l'indépendance des États-Unis
12. la Déclaration des droits de l'homme
13. la Terreur
14. la Restauration
15. le second Empire
16. canal de Suez
17. Émile Zola
18. Pershing
19. Pétain
20. général de Gaulle

*D. Mais c'est faux!*

1. Dans la grotte Chauvet on trouve des peintures du paléolithique, des Cro-Magnon.
2. La Gaule s'est romanisée très vite. Un siècle après la conquête, il y avait déjà des sénateurs gaulois à Rome.
3. À la bataille des champs Catalauniques, l'invasion des Huns est arrêtée.
4. Le but des croisades était de conquérir les Terres Saintes, surtout la ville de Jérusalem.
5. On fonde la Sorbonne sous Louis IX, Saint Louis.
6. Philippe le Bel annonce le transfert du Saint-Siège de Rome à Avignon.
7. C'est Jacques Cartier qui découvre le Saint-Laurent.
8. L'édit de Nantes garantit la liberté de conscience.
9. En 1848 on proclame la seconde République.
10. Avec la bataille de Diên Biên Phu, la France perd l'Indochine.

## CHAPTER 31
*French literature*

*A.*

1. m
2. e
3. a
4. k
5. g
6. j
7. l
8. b
9. f
10. i
11. h
12. d

*B.*

1. T; Racine
2. E; Memmi
3. C; Alphonse Daudet
4. R; Yourcenar
5. H; Voltaire
6. R; Camara Laye
7. R; Hugo
8. P; Baudelaire
9. R; Sagan
10. P; Nerval
11. R; Camus
12. T; Corneille

*C. Identification.*

1. a
2. b
3. b
4. a
5. b
6. a
7. a
8. a
9. b
10. a
11. a
12. b
13. a
14. a
15. b
16. a

*D. À compléter.*

1. Michèle de Rakotoson
2. Léopold Senghor
3. l'angoisse
4. Esquimaux (Inuit)
5. jongleur
6. essayiste
7. lieu, action
8. historien
9. le Midi
10. Jules Verne
11. lais
12. Balzac
13. *Madame Bovary*
14. contes
15. Albert Memmi

*E.*

1. d
2. k
3. b
4. h
5. l
6. c
7. f
8. g
9. e
10. j
11. i
12. a

# CHAPTER 32
*French art, music, science, and technology*

### A.
1. e
2. d
3. j
4. b
5. a
6. g
7. c
8. f
9. i
10. h

### B.
1. C
2. A
3. S
4. C
5. P
6. A
7. C
8. P
9. S
10. P
11. A
12. P
13. P
14. C
15. P

### C.
1. b
2. a
3. a
4. b
5. a
6. a
7. b
8. b

### D.
1. Bizet
2. Picasso
3. Debussy
4. Rodin
5. Rameau
6. Gounod
7. Ravel
8. Berthe Morisot
9. Cézanne
10. Renoir

### E.
1. Pierre Monteux
2. Jacques-François Halévy
3. Lily Pons
4. Paul Dukas
5. Jean-Pierre Rampal
6. Nadia Boulanger
7. Katia (ou Marielle) Labèque
8. Charles Munch

### F.
1. g
2. e
3. b
4. a
5. f
6. j
7. i
8. c
9. d
10. h

### G.
1. a
2. a
3. b
4. a
5. b
6. a
7. b
8. b
9. b
10. a